DISCURSO DECISIVO

Averróis

DISCURSO DECISIVO

TRADUÇÃO DA INTRODUÇÃO MÁRCIA VALÉRIA M. AGUIAR
TRADUÇÃO DO ÁRABE AIDA RAMEZÁ HANANIA
REVISÃO DA TRADUÇÃO DO ÁRABE HELMI M. I. NASR

Título do original árabe: FAṢL AL-MAQĀL
Título do original francês: DISCOURS DÉCISIF, publicado por Flammarion, Paris, do qual foi extraída a Introdução de Alain de Libera.
Copyright © GF-Flammarion, Paris, 1996 para a Introdução
Copyright © 2005, Livraria Martins Fontes Editora Ltda.,
Copyright © 2022, Editora WMF Martins Fontes Ltda.,
São Paulo, para a presente edição.

1ª edição 2005
2ª edição 2022

Editores *Alexandre Carrasco e Pedro Taam*
Acompanhamento editorial *Helena Guimarães Bittencourt*
Preparação do original *Ana Maria Barbosa*
Revisões *Maria Regina Ribeiro Machado, Maria Luiza Favret*
  e Marisa Rosa Teixeira
Produção gráfica *Geraldo Alves*
Paginação *Renato Carbone*
Capa e projeto gráfico *Gisleine Scandiuzzi*

Dados Internacionais de Catalogação na Publicação (CIP)
(Câmara Brasileira do Livro, SP, Brasil)

Averróis, 1126-1198
  Discurso decisivo / Averróis ; introdução Alain de Libera ; tradução da introdução Márcia Valéria M. Aguiar ; tradução do árabe Aida Ramezá Hanania ; revisão da tradução do árabe Helmi M. I. Nasr. – 2. ed. – São Paulo : Editora WMF Martins Fontes, 2022. – (Clássicos)

  Título original: Faṣl al-maqāl.
  ISBN 978-85-469-0376-4

  1. Direito – Filosofia – Obras anteriores a 1800 2. Filosofia islâmica – Obras anteriores a 1800 3. Islamismo – Doutrinas – Obras anteriores a 1800 4. Islamismo e filosofia – Obras anteriores a 1800 I. Libera, Alain de. II. Título. III. Série.

22-108311   CDD-181.92

Índice para catálogo sistemático:
1. Averróis : Filosofia árabe   181.92

Cibele Maria Dias – Bibliotecária – CRB-8/9427

Todos os direitos desta edição reservados à
Editora WMF Martins Fontes Ltda.
Rua Prof. Laerte Ramos de Carvalho, 133 01325-030 São Paulo SP Brasil
Tel. (11) 3293-8150 e-mail: info@wmfmartinsfontes.com.br
http://www.wmfmartinsfontes.com.br

SUMÁRIO

Apresentação VII
Introdução XI
Ibn Tūmart e a ideologia almôada LXXXIII

DISCURSO DECISIVO 1

APRESENTAÇÃO

Abū Al Walīd Muḥāmmad Ibn Ahmad, *Ibn Rushd*, nascido em Córdoba, conhecido no Ocidente como Averróis, viveu no período áureo do Mundo Árabe (1126-1198), tornando-se o maior pensador da Espanha muçulmana.

Jurista, filósofo, médico, teólogo, comentador, inscreveu seu nome como o verdadeiro *hakīm*, nome árabe atribuído a quem, como ele, era versado em múltiplos campos do saber.

Seu nome está intimamente associado ao de Aristóteles, de quem foi comentador, tendo formulado os *grandes*, *médios* e *pequenos* comentários (que abrangem a quase totalidade do pensamento do estagirita) numa época em que os cristãos tinham um conhecimento ainda precário da obra grega.

Sua visão de Aristóteles valeu-lhe destacada posição na Universidade Ocidental, onde foi, durante cerca de quatro séculos, uma figura tão importante quanto controvertida (e, diga-se de passagem, frequentemente mal interpretada, ou mesmo distorcida), com uma influência extraordinária na escolástica e, de modo particularmente importante, em São Tomás de Aquino.

Como assinala Cruz Hernandez[1], "para o Renascimento, por este feito medieval, converte-se em um escolástico a mais e não há uma

---

[1] Em entrevista concedida à revista *Collatio* nº 5, Editora Mandruvá – DLO/FFLCH/USP – Universidad Autónoma de Madrid, 2000, pp. 9-16.

'ressurreição' de Averróis, até que Renan publicou seu *Averróis e o averroísmo*, que é um livro fundamental para a nova consideração. Apresenta-o como um homem revolucionário para seu tempo, inovador, quase como um livre-pensador do século XIX no século XII".

Entretanto, a magnitude de *Ibn Rushd* teve sempre um caráter permansivo na cultura árabe muçulmana, visto que seu pensamento dirige-se a várias áreas, suscitando inevitavelmente inúmeras polêmicas: seja quando se situa contra Al-Ghazālī (*Tahāfut al Tahāfut / A incoerência da incoerência*); seja quando se coloca contra uma filosofia excessivamente platônica (Avicena); seja quando depara certas interpretações de pensadores anteriores que contrariam a supremacia do conhecimento racional do Criador como Deus único; seja quando se opõe à interpretação do Direito fundada na palavra dos antigos (*taqlīd*).

De seu legado, destaca-se o *Faṣl al-maqāl / Discurso decisivo* (que ora apresentamos ao leitor) como o texto mais representativo do homem muçulmano que era, da obra que concebeu e da época em que viveu.

Ressalta, na verdade, como fulcro do *Discurso*, a intenção de Averróis de ser, ao mesmo tempo, um crente no Islão e um filósofo, e a tentativa permanente de demonstrar que, assim como não há contradição entre Deus e a razão, não há também contradição entre a religião e a filosofia. A filosofia é uma dimensão do saber, como o é a religião, e, sendo assim, ambas se necessitam reciprocamente para o conhecimento da Verdade.

Em síntese, Averróis procura demonstrar de que modo a filosofia não está desvinculada da *Sharī'ah / Lei Religiosa*.

Retomando Hourani, diríamos que Ibn Rushd busca "legalizar" a filosofia, utilizando-se de uma linguagem rigorosamente jurídica e islâmica[2].

O *Faṣl al-maqāl* é, portanto, um texto de caráter jurídico-religioso, dirigido a um público constituído de pessoas educadas na tradi-

---

[2] Em *Averroes on the Harmony of Religion and Philosophy*, Londres, Luzac, 1976, p. 19.

APRESENTAÇÃO

ção jurídica. E, entre tantos outros méritos, é também um texto de capital importância para o problema da articulação entre fé e razão, uma constante nas religiões: Averróis situa-se – tal como Maimônides e Tomás de Aquino para as respectivas tradições judaica e cristã – como um desses espíritos grandiosos, capazes de sínteses harmônicas e equilibradas.

É, pois, com imensa satisfação que apresentamos ao leitor de língua portuguesa esta pequena obra-prima.

Aida R. Hanania

INTRODUÇÃO

Nascido em Córdoba em 1126, ano 520 da Hégira, numa célebre família de juristas *malikītas*, morto em Marrakesh em 10 de dezembro de 1198, após um período de exílio em Lucena (1195), médico na corte dos soberanos almôadas, cádi, jurista[1], filósofo e comentador, Ibn Rushd deixou uma obra capital em todos os campos do saber[2]; uma lenda cuja parte obscura devora a luz; uma herança ambígua, senão contraditória. Caluniado por uns, exaltado por outros, de fato raramente entendido, ainda hoje relegado ao papel crepuscular em que foi colocado, a partir de Ernest Renan[3], por certa historiografia: o do "último pensador" da Espanha muçulmana, para não dizer do Islão ocidental, ou mesmo de todo o Islão, papel principal, mas simples *papel* no qual, no máximo, a ficção literária e a divagação erudita buscam alimento para suas múltiplas nostalgias. Por trás

---

[1] Sobre o aspecto jurídico da obra de Ibn Rushd, cf. R. Brunshvig, "Averroès juriste", in *Études d'orientalisme à la mémoire de Levi-Provençal*, I, Paris, Maisonneuve et Larose, 1962, pp. 3-68; A. M. Turki, "La place d'Averroès juriste dans l'histoire du malikisme et de l'Espagne musulmane", in J. Jolivet *et al.* (ed.), *Multiple Averroès*, Paris, Les Belles Lettres, 1978, pp. 33-41, e, principalmente, M. A. Makkī, "Contribución de Averroes a la ciencia jurídica musulmana", in A. M. Lorca (ed.), *Al Encuentro de Averroes*, Madri, Editorial Trotta, 1993, pp. 15-38, que oferece um panorama geral.

[2] Cf. M.-R. Hayoun & A. de Libera, *Averroès et l'averroïsme* ("Que sais-je?" 2631), Paris, PUF, 1991. Cf. também O. Leaman, *Averroes and his Philosophy*, Oxford, Clarendon Press, 1988.

[3] Cf. E. Renan, *Averroès et l'averroïsme*, Paris, 1852.

das máscaras e das poses, dos louvores e dos interditos, existe contudo um autor, e também uma obra, a ser analisada e refletida, e finalmente uma época, a desta "Idade de Ouro" da Espanha muçulmana que é chamada de *Al-andalus*[4]. De todos os textos de Ibn Rushd, nenhum é mais representativo do homem, da obra e da época que o *Faṣl al-maqāl*, que será lido aqui numa nova tradução[5].

Acaso seria preciso lembrar? Ibn Rushd é um filósofo *muçulmano*[6]. Seu pensamento, porém, não deixa de estar inscrito na história. Ibn Rushd cresceu sob o regime almorávida. Vinte anos haviam passado quando, vinda do sul do Marrocos, uma nova dinastia berbere tomou de assalto a África setentrional e a Espanha: os *muwaḥḥidūn* (campeões da "unicidade" divina) ou almôadas[7]. Ao tomarem o poder, deram início a uma profunda reforma religiosa que acompanhou e mesmo determinou a trajetória pessoal e intelectual de Ibn Rushd. No espaço de 45 anos, sob o reino de três soberanos, Abd Al-Mu'min (morto em 1163), Abū Ya'qūb Yūssuf (morto em 1184), Abū Yūsuf Ya'qūb Al-Manṣūr (morto em 1199), ele acedeu a todas as honras até tornar-se uma espécie de dignitário do novo regime.

---

[4] Sobre Ibn Rushd e a Andaluzia, cf., sob o ângulo político, a contextualização de M. Cruz Hernández, "La crítica de Averroes ao despotismo oligárquico andaluz", in A. M. Lorca (ed.), *Al Encuentro...*, pp. 105-18. Cf. também Th. Fabre (ed.), *L'Héritage andalou* (Penser la Méditerranée des deux rives), La Tour d'Aigues, Éd. de l'Aube, 1995.

[5] Uma primeira tradução francesa foi realizada por L. Gauthier, *Ibn Rushd (Averroès): Traité décisif (Faṣl al-maqāl) sur l'accord de la religion et de la philosophie, suivi de l' Appendice (Damimah)*, Alger, 1948. Existe, além disso, uma tradução inglesa de G. F. Hourani, *Averroes on the Harmony of Religion and Philosophy*, Londres, Luzac, 1967; e uma tradução italiana de M. Campanini, *Averroè. Il Trattato decisivo sull'accordo della religione con la filosofia* (I classici della BUR), Biblioteca Universale Rizzoli, 1994.

[6] Cf. G. F. Hourani, "Averroès musulman", in J. Jolivet (ed.), *Multiple Averroès*, pp. 21-30.

[7] Cf., *infra*, o anexo de M. Geoffroy sobre *Ibn Tumart e a ideologia almôada*. Sobre a Espanha muçulmana, cf. W. M. Watt, *History of Muslim Spain*, Edimburgo, Edinburgh University Press, 1965. Sobre os almôadas, cf., além disso, A. Huici Miranda, *Historia política del imperio Almohade*, Tétouan, 1956-57 e, mais recentemente, J. Abu'n Nasr, *History of the Maghreb in the Islamic Period*, Cambridge (G.-B.), Cambridge University Press, 1987. Sobre as relações entre as três religiões do livro na Espanha, cf. H. Santiago-Otero (ed.), *Dialogo filosófico-religioso entre cristianismo, judaísmo e islamismo durante la edad media en la Península Ibérica* (Rencontres de philosophie médiévale, 3), Turnhout, Brepols, 1994.

INTRODUÇÃO

O movimento almôada, nascido da pregação e do ativismo político-religioso do Mahdī Ibn Tūmart (morto em cerca de 1130, ano 624 da Hégira), pretendia intervir duplamente no corpo social, tanto no nível jurídico quanto no teológico[8]. No campo do Direito, Ibn Tūmart preconizava uma atitude "fundamentalista" (no sentido de um retorno aos *Fundamentos do Direito* – literalmente: de um retorno às *Fontes*) oposta à casuística (*'ilm al-furū'*) e ao conformismo imitativo da escola jurídica *malikīta* que dominava sob os almorávidas[9]. Em teologia, ele punha em primeiro plano o conhecimento racional do Criador e de sua unicidade, uma síntese teológica original, elaborada a partir de certas teses do *kalām* oriental (negação dos atributos divinos, necessidade de uma *interpretação, tawīl*, das passagens antropomórficas contidas no Texto)[10]. Encontramos essas duas dimensões na obra de Ibn Rushd: na sua obra teológica, na sua obra jurídica e, *last but not least*, no *Faṣl al-maqāl*. Filho e neto de juristas, Ibn Rushd amadureceu numa sociedade em crise, sacudida pelos abalos de uma *reforma imposta*. Para que se tornasse o maior filósofo aristotélico do século XII, aquele que o Ocidente cristão nomeou "o Comentador" (como Aristóteles era "o Filósofo"), foram necessárias, porém, algumas condições particulares, criadas pela política do segundo soberano almôada: Abū Ya'qūb Yūssuf. Foi, com efeito, sob o reino deste príncipe que surgiu um novo elemento: a filosofia. Sem nada ter feito para tornar a coisa possível, o pe-

---

[8] Sobre Ibn Tūmart, cf. a "Introdução" de I. Goldziher, in D. Luciani (ed.), *Le Livre de Mohamed ibn Toumert, mahdi des Almohades*, Alger, Imprimerie orientale P. Fontana, 1903. Sobre as relações do movimento almôada com o malikismo, cf. R. Caspar, *Traité de théologie musulmane*, Roma, Pontificio Istituto di Studi arabi, 1987, e H. Laoust, *Les Schismes dans l'Islam*, Paris, Payot, 1983.

[9] Sobre as diferentes escolas de "Direito muçulmano" (Hanafismo, Hanbalismo, Shāf'ismo e Malikismo), cf. N. J. Coulson, *A History of Islamic Law*, Edimburgo, Edinburgh University Press, 1964.

[10] Sobre o *kalām*, cf. L. Gardet & G. C. Anawati, *Introduction à la théologie musulmane. Essai de théologie comparée*, Paris, Vrin, 1970; H.-A. Wolfson, *The Philosophy of the Kalām*, Harvard University Press, 1976; R. M. Frank, *Beings and their Attributes. The Teaching of the Basrian School of the Mu'tazila in the Classical Period*, Albany, State University of New York Press, 1978; D. Gimaret, *La Doctrine d'al-Ash'ari* (Patrimoines), Paris, Cerf, 1990.

ríodo almorávida tivera seu filósofo: Ibn Bājja (Avempace, morto em 1139). Graças ao apoio ativo do príncipe, o período almôada teve dois filósofos: Ibn Ṭufayl (Abubacer, morto em 1185) e Ibn Rushd[11]. É Ibn Ṭufayl quem apresenta Ibn Rushd ao príncipe[12]. Desse encontro resultará a obra de comentador de Aristóteles, à qual o nome latino de Averróis permaneceu associado até nossos dias. Entre 1168 e 1198, Ibn Rushd comentará sob diversas formas literárias (grandes comentários, comentários médios, resumos) a quase totalidade da obra de Aristóteles, numa época em que os cristãos do Ocidente mal começavam a se familiarizar com ela. Traduzidos para o latim no início do século XIII, seus *comentários* sobre a *Física*, o *De caelo*, o *De anima* e a *Metafísica* reinarão nas universidades europeias até o final do século XVI. De 1230 a 1600 é pois Ibn Rushd que, ao lado de Aristóteles, encarnará a racionalidade filosófica no Ocidente cristão. Donde seu formidável sucesso literário, firmemente apoiado pela imprensa veneziana; donde também a extraordinária mistura de fantasias e de polêmicas que giram em torno dele: o estatuto de Averróis no mundo cristão é tão ambíguo quanto o da filosofia, o estatuto de um instrumento ao mesmo tempo indispensável e indócil, e duplamente estrangeiro – como filósofo e como árabe. Mas existe um outro Ibn Rushd: o sábio muçulma-

---

[11] Sobre a filosofia nas terras do Islão, cf. R. Arnaldez, *Aspects de la pensée musulmane*, Paris, Vrin, 1987, e, do mesmo autor, *À la croisée des trois monothéismes. Une communauté de pensée au Moyen Âge* (Bibliothèque Albin Michel, "Idées"), Paris, Albin Michel, 1993; M. Fakhry, *Histoire de la philosophie islamique*, traduzido do inglês por M. Nasr, Paris, Cerf, 1989; G. Vajda, *Études de théologie et de philosophie arabo-islamiques à l'époque classique*, editado por D. Gimaret, M.-R. Hayoun & J. Jolivet, Londres, Variorum Reprints, 1980; O. Leaman, *An Introduction to Mediaeval Islamic Philosophy*, Cambridge (G.-B.), Cambridge University Press, 1985. Para bibliografias recentes, cf. Th.-A. Druart & M. E. Marmura, "Medieval Islamic Philosophy and Theology, Bibliographical Guide (1986-1989)", *Bulletin de philosophie médiévale*, 32 (1990), pp. 106-35, e G. Endress, "Die arabisch-islamische Philosophie. Ein Forschungsbericht", *Zeitschrift für Geschichte der arabisch-islamischen Wissenschaft*, 5 (1989), pp. 1-47. Sobre a filosofia em Al-andalus, cf. A. Martinez Lorca (ed.), *Ensayos sobre la Filosofía en Al-andalus*, Barcelona, Anthropos. Para uma síntese, cf. A. de Libera, *La Philosophie médiévale* (Primeiro ciclo), Paris, PUF, 1995 [2ª. edição], pp. 53-185.

[12] Sobre este episódio, cf. P. N. Morata, "La presentación de Averroes en la Corte Almohade", *Ciudad de Dios*, CLIII (1941), pp. 101-22.

INTRODUÇÃO

no, o jurista, enraizado no mundo árabe-muçulmano, na conjunção das duas metades da cultura islâmica medieval, a oriental e a ocidental. Situado no final da *translatio studiorum* nas terras do Islão, o pensamento de Ibn Rushd se desenvolve em vários sentidos, perante vários parceiros, em múltiplas polêmicas: contra certa filosofia, por demais platonizante, o alfarabo-avicenismo; contra a crítica dos filósofos por Al-Ghazālī; contra as seitas "teólogas"; contra o juridismo. Esta parte da obra de Ibn Rushd não foi imediatamente conhecida no Ocidente latino – para nos restringirmos a um único exemplo, o *Tahāfut al-tahāfut* (*Incoerência da incoerência*), a réplica de Ibn Rushd à *Incoerência dos filósofos* de Al-Ghazālī, foi traduzido muito tardiamente (pelo sábio e erudito judeu Calonymos ben Calonymos, a pedido de Roberto, o Sábio, rei angevino de Nápoles de 1309 a 1343) para que a escolástica possa tê-la considerado. A obra de Ibn Rushd, pensador *muçulmano*, irrigou em contrapartida o pensamento judaico, pois, ao contrário dos escolásticos leitores do *Averroes Latinus*, os leitores do *Averroes Hebraeus*, cuja língua erudita era o árabe, tinham acesso direto ao conjunto de sua obra. É o que explica que o *Faṣl al-maqāl* tenha tido grande importância entre os pensadores judeus, e não entre os latinos.

* * *

O que é o *Faṣl al-maqāl*? O título completo da obra, como foi traduzido por M. Geoffroy, diz exatamente do que ele trata: a conexão existente entre a Revelação e a filosofia. Conexão não significa acordo, nem harmonia, nem conciliação, nem reconciliação – temas clássicos da reflexão filosófico-teológica nas terras do Islão. O *Faṣl al-maqāl* não é um livro de acordo. Mas não é apenas o tema da obra que deve aqui reter nossa atenção. A intenção, a finalidade, a natureza do texto contam tanto quanto, ou mesmo mais, pois o tema nada significa se não se considera o objetivo perseguido, o público visado, o que realmente está em jogo. É preciso dizer, sem

xv

rodeios, que o *Faṣl al-maqāl* não é nem um livro de filosofia nem um livro de teologia. Independentemente das teses defendidas, seu título não poderia ser nem o *Fides quaerens intellectum* de um Anselmo nem o *De reductione artium ad theologiam* de um Bonaventura. Seria um texto "racionalista"? O tema prosperou a partir dos trabalhos pioneiros de L. Gauthier[13], alimentando debates encarniçados[14]. Isso não é, a nosso ver, consistente, pois se funda na assimilação etnocêntrica do racionalismo à razão filosófica grega – a *falsafah* – e no desconhecimento da pluralidade das racionalidades: filosóficas, jurídicas, teológicas, científicas, religiosas. O *Faṣl al-maqāl* não é um manifesto do "racionalismo", mas uma reflexão sobre a filosofia no seio de certa racionalidade discursiva. O *Faṣl al-maqāl* é uma *fatwā*. É um parecer legal – os latinos diriam um *responsum*; os judeus, uma *teshuvah* – que responde a uma questão formulada nos termos e no registro da jurisdição religiosa. É como jurista e cádi que Ibn Rushd intervém, e para *persuadir*. Diante dos juristas malikītas, que têm o apoio das massas, e dos teólogos ashʿarītas, sobre os quais ele próprio nos diz em outro texto que "são considerados ortodoxos pela maioria das pessoas" de sua época[15], Ibn Rushd, cujos comentários filosóficos sobre Aristóteles provocaram, apesar da encomenda política do príncipe, uma crise de sociedade, responde no terreno mesmo em que sua atividade de "filósofo" poderia ser questionado: o terreno *legal*. O *Faṣl al-maqāl* não é, pois, um elogio da filosofia comparável ao dos mestres em artes das universidades medievais latinas (mesmo que, em virtude de um pa-

---

[13] Cf. L. Gauthier, *La théorie d'Ibn Rochd (Averroès) sur les rapports de la religion et de la philosophie*, Paris, Leroux, 1909.

[14] Ver o excelente dossiê de M. Campanini, *L'intelligenza della fede, Filosofia e religione in Averroe e l'averroismo* (Quodlibet, 5), Bergame, Pierluigi Lubrina, 1989, que tem como apêndice uma antologia italiana de textos "clássicos", trechos de E. Tornero, "Religión y filosofía in al-Kindi, Averroes y Kant", *Al-Qantara*, N. S., 2 (1981), pp. 110-6 [texto completo, pp. 89-128]; M. Allard, "Le rationalisme d'Averroès d'après une étude sur la création", *Bulletin de l'Institut français de Damas*, 14 (1952-1954), pp. 15-20 e 53-5 [texto completo, pp. 7-59], e de A. Badawī, *Histoire de la philosophie en Islam*, II, Paris, Vrin, 1972, pp. 785-9.

[15] Cf. G. F. Hourani, *Averroes on the Harmony*..., p. 28, citando o *Kashf*.

radoxo que analisamos em outro texto, esses elogios tenham sido considerados a substância do "averroísmo" pelos historiadores)¹⁶.

Há, para isso, uma razão irredutível: o *Faṣl al-maqāl* não é um texto universitário, inscrito num sistema de distinções fixas entre disciplinas e produzido em meio a um jogo complexo de contradições e de conflitos institucionais entre mestres de artes, teólogos e juristas. A *falsafah* não é a *philosophia*, ensinada pelos *artistae* aos futuros teólogos: o *fiqh* não é o direito romano ou canônico; o *kalām* não é a "ciência teológica" fundada pelos escolásticos do século XIII *segundo o modelo da ciência aristotélica*¹⁷, mas uma apologia em defesa da religião dotada de meios argumentativos próprios. O *Faṣl al--maqāl* não é um produto escolástico como as *Philosophiae* dos anos 1250: é um texto dirigido ao público – não a qualquer público, mas àquele das pessoas educadas na tradição jurídica malikīta, e, finalmente, ao poder, cuja reforma político-religiosa ele acompanha e saúda¹⁸. Nisso reside sua atualidade.

A fim de guiar o leitor no universo, necessariamente desnorteante, de um texto não filosófico tratando do estatuto legal da filosofia, vamos analisá-lo parágrafo por parágrafo, procurando seguir o

---

[16] Cf. A. de Libera, *Penser au Moyen Âge* (Chemins de pensée), Paris, Éd. du Seuil, 1991 [3ª. ed., col. "Points Sagesse", 1996].

[17] A noção cristã, escolástica, da teologia não pode ser absolutamente comparada ao *kalām* (muçulmano ou judeu). A *theologia* do século XIII é uma "reflexão sobre o fato revelado que *usa* os instrumentos conceituais fornecidos pela filosofia" aristotélica (incluindo a chamada filosofia "árabe") para se constituir numa "ciência autônoma, visando à especulação sobre as realidades divinas *com os mesmos meios*" que a filosofia usa "para abordar os problemas metafísicos". No fundamento da teologia escolástica *como ciência* há, pois, um paradoxo geocultural próprio à cristandade: "Enquanto, por diferentes razões, no Islão e no judaísmo a evolução não chegou a seu termo, é implícita ou explicitamente a contribuição dos pensamentos muçulmano e judaico que permitiu que a teologia cristã se constituísse." Cf., sobre tudo isso, G. Dahan, "Foi, raison, politique. Averroès, Maïmonide, Thomas d'Aquin", *Le Trimestre psychanalytique*, 1 (1995), pp. 137-47 (particularmente pp. 141-2).

[18] Sobre a relação de Ibn Rushd com o movimento almôada, cf. E. J. Rosenthal, *Political Thought in Medieval Islam*, Cambridge (G.-B.), Cambridge University Press, 1958 (particularmente p. 182); D. Urvoy, *Ibn Rushd (Averroes)*, Routledge, Londres-Nova York, 1991 (especialmente pp. 1, 20, 23 e 34), e *Pensers d'al-Andalus. La vie intellectuelle à Cordoue et Séville aux temps des empires berbères (fin XIᵉ siècle – début XIIIᵉ siècle)*, Paris-Toulouse, CNRS/PUM, 1990. Cf. também, *infra*, a análise do § 72 com as notas correspondentes de M. Geoffroy.

XVII

mais estritamente possível a estrutura argumentativa original de um conjunto cujo rigor e sutileza suscitam, ainda hoje, a admiração.

* * *

Primeira parte: §§ 1-17.

O objeto do *Discurso* é enunciado sob a forma de questão (§ 1):

> *Buscar, sob a perspectiva do exame jurídico, se o estudo da filosofia e das ciências da lógica é permitido pela Lei revelada, ou ao contrário condenado por ela, ou ainda prescrito, quer como recomendação, quer como obrigação.*

Esse enunciado marca claramente a natureza jurídica do texto: o objeto do tratado é o estatuto legal da filosofia, mais exatamente do estudo da filosofia (*al-naẓar fī al-falsafah*). Ibn Rushd situa-se num quadro, o das cinco "qualificações" dos atos humanos segundo o *fiqh*: (1) os atos permitidos, indiferentes moralmente; (2) os atos prescritos, subdivididos em (2.1) recomendados e (2.2) obrigatórios; (3) os atos condenados, subdivididos em (3.1) condenáveis e (3.2) proibidos. Esses atos são distinguidos conforme aquilo que impele sua efetuação ou não efetuação: ou uma recompensa, ou um castigo; o castigo dos atos condenados sendo ou possível, ou necessário. Podemos representar da seguinte maneira essa classificação (em que (+) significa "impele", e (−) "não impele", P(+) significa "pode impelir" e N(+) significa "impele necessariamente"):

	Efetuação	Não efetuação
permitidos	(−) recompensa	(−) castigo
recomendados	(+) recompensa	(−) castigo
obrigatórios	(+) recompensa	(+) castigo
condenáveis	P(+) castigo	(−) recompensa
proibidos	N(+) castigo	(−) recompensa

Os §§ 2-17 dedicam-se a justificar e a precisar a tese geral. O § 2 explica em que consiste o ato de filosofar: "O ato de filosofar consiste pura e simplesmente no exame racional dos entes e no fato de refletir sobre eles enquanto constituem a prova da existência do Artesão."
Esta definição da filosofia faz com que ela culmine numa espécie de prova teleológica da existência de Deus[19]. Apesar de encontrar-se no coração do *credo* almôada, a assimilação de Deus a um Artesão supremo não se deve a Ibn Rushd nem à filosofia muçulmana: é um longínquo rebento do demiurgo platônico. Ela ultrapassa, em todo caso, a identificação do Deus da filosofia com um Primeiro Motor de estilo aristotélico, para aproximar, por meio da metáfora do Artesão, o Deus "Primeiro Agente do Ser" segundo os neoplatônicos (o "Velho Grego") e os filósofos do Oriente (Avicena) influenciados pelo neoplatonismo[20], de um lado, com o Deus criador segundo Ibn Tūmart, de outro, Deus cuja existência é per-

---

[19] Esta definição é integralmente assimilada pelo *Igeret ha-vikuaḥ* do pensador judeu espanhol Shemtov ibn Falaqera, "adaptação do *Faṣl al-maqāl* a uma problemática judaica que busca apoio, argumentos e legitimação num texto judaico "consagrado": o *Guia dos perplexos* de Maimônides. Sobre este ponto, cf. G. Dahan, "*Epistola Dialogi*. Uma tradução latina do *Igeret ha-vikuaḥ* de Shemtov ibn Falaqera. Estudo e tradução", *Sefarad*, 39 (1979), p. 67 [texto completo pp. 1-112], que, comentando a citação (muda) do *Faṣl al-maqāl* por Ibn Falaqera, lembra que o tema é bem atestado, além disso, na literatura judaica (ver na p. 68 os textos de Abraham bar Hiya e de Maimônides, particularmente o *Guia dos perplexos*, I, 34: "Não há outro meio de perceber Deus senão por meio de suas obras: são elas que indicam sua existência e aquilo em que se deve acreditar com relação a ele"). Traduzido em latim com o título de *Epistola Dialogi*, o *Igeret ha-vikuaḥ* é, com o *Beḥinat ha-dat* de Eliya Delmédigo, uma das grandes provas da retomada do *Faṣl al-maqāl* pelo pensamento judaico. A tradução latina do *Igeret*, que data do final do século XV italiano, é contemporânea do *Beḥinat ha-dat* e, assim, um dos últimos fogos do averroísmo "paduano".

[20] Cf., por exemplo, a distinção de Avicena (*Metafísica*, VI, 1, ed. Van Riet, pp. 292, 17-22) entre o ponto de vista dos "filósofos divinos" (os "teólogos" dos gregos) que chamam de "causa eficiente" aquele que *confere o ser* às essências – o Primeiro Agente dos *Ditos do Velho Grego* – e o dos "filósofos naturalistas" (os "físicos") que se atêm ao Primeiro Motor. Sobre o *Velho Grego*, cf. a síntese de M. Aouad, "A Teologia de Aristóteles e outros textos do *Plotinus Arabus*", no *Dictionnaire des philosophes antiques*, I, Paris, Ed. do CNRS, 1989, pp. 541-90, que faz sobretudo um balanço sobre os escritos, de suposta origem porfiriana, aparentados à *Teologia* (a *Epístola sobre a ciência divina* e, principalmente, os *Ditos do Sábio* [ou *Velho*] grego). Cf., também, F. W. Zimmermann, "The Origins of the So-Called *Theology of Aristote*", em *Pseudo-Aristote in the Middle Ages. The Theology and Other Texts* (Warburg Institute Surveys and Texts, XI), Londres, The Warburg Inst.-Univ. of London, 1986, pp. 110-240, e, do mesmo autor, "Proclus Arabus Rides Again", *Arabic Science and Philosophy*, 4 (1994), pp. 9-51.

cebida por todos os homens pelo próprio fato de estes apreenderem o mundo como criado.

O mesmo parágrafo enuncia em seguida a tese a ser demonstrada, isto é, que "a atividade designada com o nome de filosofia é, conforme a Lei revelada, quer *obrigatória*, quer *recomendada*"[21].

Para provar que "a Revelação nos convida a refletir sobre os seres existentes fazendo uso da razão, e exige de nós que os conheçamos por esse meio", o § 3 invoca uma série de versículos do Alcorão: LIX, 2 ("Refleti pois ó vós que sois dotado de clarividência"); VII, 185 ("Acaso não examinaram o reino dos céus e da terra e todas as coisas que Deus criou"); VI, 75 ("Assim Nós fizemos ver a Abraão o reino dos céus e da terra")[22]; LXXXVIII, 16-17 ("Acaso não examinaram os camelos, como estes foram criados? E o céu, como teria sido elevado?") e III, 191 ("e que meditam sobre a criação dos céus e da terra").

Se bem que, segundo G. F. Hourani, os textos citados no § 3 provem apenas que as Escrituras *recomendam* o estudo da filosofia, e não que a tornem *obrigatória*, o § 4, considerando que "já está bem estabelecido que a Revelação declara obrigatório o exame dos seres

---

[21] A mesma problemática rege o *Igeret ha-vikuaḥ*. Ibn Falaqera, que apresenta as teses do *Faṣl al-maqāl* sob a forma de um diálogo no qual discutem um ḥakham (= filósofo) e um ḥasid (= religioso), resolve de modo feliz seu confronto: "inicialmente avesso a qualquer especulação", o religioso "se deixa convencer pelos argumentos do ḥakham, ardente defensor da filosofia, a ponto de pedir-lhe, com a devida formalidade, uma instrução. Entre as teses do ḥakham, a principal é que a filosofia não é *proibida* pela Lei, mas *permitida* ("recomendável e útil") para uma elite.

[22] O § 3 diz: "Deus – glorificado seja – ensinou que entre aqueles que Ele distinguiu e honrou conferindo-lhes esta ciência estava Abraão – que a paz esteja com ele." Como mostrou G. Dahan, o mesmo tema é corrente na literatura judaica medieval. Está presente em Maimônides, *Mishneh Torah, Sefer ha-mada'*, IV, 1, 2-3; *Guia dos perplexos*, I, 63 e III, 29. Nós o encontramos também em Joseph ibn Kaspi, *Sefer ha-musar*, cap. 7: "Abraão, nosso primeiro pai, que Deus chamou de seu amado [amante], descobriu por si mesmo, pela acuidade de sua inteligência, esta crença que é comum a todos nós: que acima da esfera há um Ser único", e em Abba Mari, na introdução à *Minḥat qenaot*, cap. 11-13: Abraão, "o Príncipe dos filósofos autênticos", descobriu pelo raciocínio e pela sabedoria a existência de um Deus único, e "trouxe provas para destruir as crenças anteriores", "consagrando-se à disputação e à pregação por meio de provas racionais". Esta descrição de Abraão (que evoca a passagem do Alcorão, XVI, 125 citado no § 17) se encontra no *Igeret ha-vikuaḥ* de Ibn Falaqera. Sobre este ponto, cf. G. Dahan, "*Epistola Dialogi...*", pp. 65-6.

existentes por meio da razão e da reflexão sobre eles", enuncia "a obrigação de recorrer ao silogismo racional para o exame dos seres existentes" e, nesse caso, à "espécie mais perfeita de silogismo": a demonstração.

Partindo da definição da filosofia, cujo estudo é "estimulado pela Revelação" – isto é, "conhecer, pela demonstração, Deus e todas as coisas às quais Ele deu o ser" –, Ibn Rushd infere a necessidade do aprendizado das diferentes espécies de silogismos: demonstrativo, dialético, erístico e retórico (o silogismo poético, habitualmente acrescentado – com o retórico – aos três primeiros tipos de silogismos distinguidos por Aristóteles, não é mencionado). Assim, "o crente tem a obrigação, em virtude da Lei revelada", de aprender a silogística – e de um modo mais geral a lógica – em seus traços gerais: o que corresponde aos *Analíticos* de Aristóteles, aos *Tópicos*, às *Refutações sofísticas* e à *Retórica*[23].

O § 6 inicia um novo desenvolvimento que vai até o § 17: a defesa do estudo do silogismo racional contra a acusação de "inovação censurável"[24].

Pondo em prática o raciocínio analógico dos juristas, o § 6 prova que, se do enunciado do Alcorão, LIX, 2 ("Refleti pois ó vós que sois dotado de clarividência"), o doutor da Lei pode inferir "a obrigação

---

[23] Sobre o lugar da retórica na obra de Ibn Rushd, cf. Ch. E. Butterworth, "Averroes: Politics and Opinion", *American Political Science Review*, 66 (1972), pp. 894-901. Cf. também M. Blaunstein, "The Scope and Methods of Rhetoric in Averroes' *Middle Commentary on Aristotle's Rhetoric*", in Ch. E. Butterworth (ed.), *The Political Aspects of Islamic Philosophy*. Essays in Honor of Muhsin S. Mahdi (Harvard Middle Eastern Monographs), Cambridge (Mass.), Harvard University Press, 1992, pp. 262-303.

[24] As noções muçulmanas de "inovação censurável" ou "herética", fundadas no conceito de *bid'ah* (inovação, "costume que não se apoia num precedente que date da época do Profeta"), são globalmente substituídas por Ibn Falaqera pela noção de heresia, *kefirah*. Ele também usa o termo *apiqoros*. No *Igeret*, pensando ter estabelecido que os filósofos são heréticos, o Religioso tira a consequência *legal* de que eles devem ser incluídos entre os epicuristas, que a Mishnah, *Sanhedrin* X, 1, "exclui do mundo futuro", assim como seus leitores. Cf. G. Dahan, "Epistola Dialogi...", pp. 58-9, 62 e 72-3. O *Beḥinat ha-dat* de Eliya Delmédigo associa "blasfemadores", "heréticos" e "epicuristas" que "não participarão do mundo futuro". Cf. *Examen de la religion. Le Testament philosophique du judaïsme à la veille de l'expulsion*, trad. M.-R. Hayoun, Paris, Cerf, 1992, p. 68.

de conhecer o silogismo jurídico", "aquele que de fato conhece Deus", ou seja, o filósofo, tem ainda mais razão de inferir "a obrigação de conhecer o silogismo racional" – pois o nervo da prova analógica (que será expressa apenas no § 20) reside no fato de este último conferir a certeza, enquanto o primeiro não ultrapassa o nível da opinião.

O § 7 prossegue a analogia: o uso do silogismo jurídico desenvolveu-se entre os muçulmanos após o período da "primeira idade do Islão" sem ser considerado uma "inovação censurável"; não se deve, pois, censurar o silogismo racional dos filósofos o que não se reprova ao instrumento dos juristas. Os parágrafos seguintes modulam o tema da obrigação: se a arte silogística não tivesse sido produzida e aperfeiçoada no passado, o muçulmano seria obrigado a "inaugurar esta pesquisa" (§ 8); mas esta pesquisa, já tendo sido feita, ele é hoje obrigado a estudar "o que dele disseram os Antigos" no período pré-islâmico, cabendo-lhe a tarefa de aceitar o que nele se mostra justo e de assinalar o que não o é (§ 9). Então, ele deve passar ao estudo dos entes e de sua produção, "seguindo o método" demonstrativo "aprendido a partir da ciência dos silogismos" (§ 10) e apoiando-se nas aquisições de seus predecessores, como fizeram os matemáticos para sua ciência (§ 11) e os juristas para o Direito e para os "fundamentos do Direito" (§ 12). O mesmo § 12 define a atitude correta com relação aos autores do passado: para todas as ciências e *a fortiori* para a "ciência das ciências", a filosofia, o recurso aos Antigos é obrigatório, já que estes "refletiram [...] de uma maneira conforme" aos cânones da demonstração: o que disseram de verdadeiro deve ser aceito com alegria e reconhecimento; aquilo em que se enganaram deve ser não censurado, mas "desculpado". Assim, a Lei tornando obrigatório o estudo dos Antigos, qualquer um que proíba, aos que são aptos, o estudo de uma ciência recomendada pela Revelação, proíbe-lhes o acesso ao "conhecimento de Deus" e transgride, ele sim, o convite dirigido ao homem por Deus (§ 13).

Não se pode aqui alegar os desvios de alguns, que não estão aptos à ciência – o defeito de alguns não deve incidir sobre os outros: como o próprio Profeta mostrou a respeito do mel[25], não devemos rejeitar "uma coisa benéfica por natureza e por essência" com o pretexto de que esta pode levar "acidentalmente a um inconveniente" (§ 14). Mais que isso, proibir o estudo da filosofia àqueles que estão aptos significa "proibir a uma pessoa sedenta de beber" com o pretexto de que alguns morreram por ter bebido demais. O mal causado pela água é sempre "acidental", o causado pela sede é, em contrapartida, "essencial". O mesmo vale para a ciência e para a filosofia (§ 15).

Os §§ 16-7 tiram a conclusão: a filosofia está naturalmente reservada àqueles que são naturalmente capazes de assentir a argumentos demonstrativos. Ela não convém àqueles que só entendem os argumentos dialéticos ou os retóricos (§ 16). Existem, dessa forma, não um, mas três métodos de aquisição do conhecimento religioso, assim como existem três espécies de argumentos e três gêneros de espíritos – distinção que será a chave de todas as análises posteriores. O "Texto divino" não exclui nenhum deles. Como diz o Alcorão, XVI, 125, cada um é chamado ao seu próprio caminho (§ 17): "Chama os homens para o caminho de teu Senhor, pela sabedoria e pela bela exortação; e discute com eles do melhor modo."

* * *

Segunda parte: §§ 18-48.

Os §§ 18-48 são consagrados a responder a objeções contra a tese da *obrigação de filosofar* estabelecida na primeira parte. A primeira, geral, trata da possibilidade de uma discordância entre os

---

[25] A comparação com o mel (Alcorão, XVI, 69) é retomada por Ibn Falaqera para ilustrar uma ideia completamente diferente: a quem a toma em muito grande quantidade, a filosofia, como o mel, dá enjoo. A ideia da comparação vem sem dúvida de Maimônides, *Guia dos perplexos*, I, 32 (segundo Provérbios, 25, 16). Cf. G. Dahan, "*Epistola Dialogi...*", p. 70.

ensinamentos da filosofia e os da Revelação (= O1); a segunda, legal, trata da alegada heterodoxia fatual de certas teses filosóficas (= O2).

O1 não é formulada diretamente, mas suposta numa declaração liminar, que vale como resposta a uma objeção implícita (§ 18). Esta declaração coloca que é *certo* aos olhos de um muçulmano que a filosofia não *pode* entrar em contradição com a escritura:

> *Já que a Revelação é a verdade, e que ela convida a praticar o exame racional que assegura o conhecimento da verdade, então nós, muçulmanos, sabemos de ciência certa que o exame [dos entes] pela demonstração não conduzirá a nenhuma contradição com os ensinamentos trazidos pelo Texto revelado: pois a verdade não pode ser contrária à verdade, mas concorda com ela e testemunha em seu favor.*

O enunciado tem a forma de uma inferência (P $\Rightarrow$ Q). P: a Revelação é a verdade e ela convida ao estudo que leva ao conhecimento da verdade, Q: portanto a comunidade sabe que a ciência demonstrativa não leva a conclusões conflitantes com relação àquilo que o Texto nos legou.

A inferência só vale graças à introdução de uma segunda premissa, expressa posteriormente: *a verdade não contradiz a verdade, mas concorda com ela e presta-lhe seu testemunho.*

Uma vez reconstruída como resposta a uma objeção implícita, a declaração do § 18 permite ao mesmo tempo circunscrever a objeção – a possibilidade de uma contradição entre o Texto e a filosofia – e o procedimento seguido depois: dado que a verdade não contradiz a verdade, a verdade alcançada pela demonstração não *pode* contradizer a do Texto, portanto (a) toda contradição entre elas só pode ser *aparente*, (b) é preciso mostrar que, como e por que elas não se contradizem.

O § 19 inicia a demonstração do ponto (a). Dado um conhecimento filosófico qualquer = X, e o enunciado filosófico = "p" afirmando X, das duas uma: (1) ou o Texto nada diz com respeito ao objeto de X, (2) ou "ele enuncia um conhecimento" = "q" com relação ao objeto de X. No caso (1), não há matéria para contradição, segundo a definição lógica da contradição, que afirma que dois enunciados se contradizem quando um afirma e o outro nega a mesma coisa *da mesma coisa*, ao mesmo tempo e na mesma relação. Este caso é, pois, exatamente comparável ao dos "estatutos legais não prescritos pelo Texto", que o jurista deduz pelo silogismo jurídico. No caso (2) temos uma nova alternativa: (2.1) ou o sentido óbvio (*ẓāhir*) de "q" é conforme ao de "p", ou (2.2) ele o contradiz (de modo que a conjunção "p & q" significa afirmar "p & ~p"). O caso (2.1) não coloca nenhum problema. Apenas o caso (2.2) cria dificuldades. Para resolvê-lo, Ibn Rushd propõe uma solução clara e nítida: "interpretar o sentido óbvio" de "q", de maneira que elimine a contradição – o que significa *interpretar* "q" no sentido de "p".

O tipo de interpretação requerido para colocar "q" em conformidade com "p" é o *tawīl*, definido precisamente no § 20 como "a transferência da significação da palavra de seu sentido próprio para seu sentido figurado, sem que se infrinja o uso figurado da língua árabe". Esta passagem do sentido próprio ao sentido figurado é normalmente atestada pela literatura cristã tardia antiga: no século VI, Boécio chegou a erigi-la em automatismo, colocando como uma lei interna à linguagem que toda utilização teológica das palavras da linguagem comum ou filosófica ou, mais precisamente, das "categorias atribuídas universalmente a todas as coisas" (as dez categorias segundo Aristóteles), supõe que elas "mudem de sentido", quer dizer, que sejam o objeto de uma "transformação", de acordo com o princípio que afirma que as "categorias são aquilo que o substrato de cada uma delas" (isto é, os sujeitos aos quais as aplicamos) "lhes permite ser".

> *Há ao todo dez categorias atribuídas universalmente a todas as coisas: a substância, a qualidade, a quantidade, a relação, o "onde", o "quando", o* habitus *ou maneira de ser, a posição, o agir e o padecer. Essas categorias são tal como seus respecti-*

> vos substratos podem admiti-las, pois, entre elas, uma parte
> serve de substrato à atribuição das outras coisas e a outra
> parte consiste nos acidentes (atribuídos a este substrato).
> Mas, se voltarmos essas categorias para Deus para atribuí-las
> a Ele, todos esses atributos sofrerão uma transformação.[26]

No século XII, os comentadores cristãos de Boécio caracterizam essa transformação como "metáfora" ou "metonímia", seguindo certas indicações de Agostinho ou de João Scoto Erígena. É o mesmo tipo de distinção que o § 20 do *Faṣl al-maqāl* propõe em sua análise do "uso figurado" da língua árabe": à metáfora corresponde a designação de uma coisa "por seu análogo"; à metonímia, a designação de uma coisa por "sua causa, seu efeito, sua contiguidade, ou por outras coisas mencionadas como fazendo parte das classes de figuras".

O objetivo de Ibn Rushd é, entretanto, bem distinto do de Boécio e de seus comentadores: não se trata, para ele, de determinar os fenômenos linguísticos que participam da constituição do discurso teológico no sentido cristão do termo, mas de definir um procedimento exegético que permita harmonizar *um* enunciado do Texto que contradiga, se tomado no seu sentido óbvio, o sentido de *um* enunciado filosófico obtido pela demonstração. Esse procedimento interpretativo é especificado no quadro consensual da retórica árabe, da teologia muçulmana e da interpretação habitual do Texto do Alcorão. É a ele que o jurista recorre para o estabelecimento de certos estatutos legais. O filósofo, "aquele que conhece verdadeiramente Deus", está ainda mais bem capacitado para aplicar o mesmo procedimento, ele que estabeleceu por silogismo demonstrativo – e portanto certo – o enunciado ao qual deve conformar-se o do Texto revelado por meio do *tawīl*.

Os §§ 21-2 dão um passo a mais na justificativa do procedimento de adequação: (1) afirmando que toda contradição entre um enun-

---

[26] Cf. Boèce, *De trinitate*, cap. 4, ed. Rand-Stewart, p. 16, 1-9.

ciado "p" e o sentido óbvio de um enunciado "q" pode ser suprimida, pois todo enunciado "q" é "suscetível de interpretação segundo as regras de interpretação conformes aos usos figurativos da língua árabe", de modo que obtenha um sentido que será também conforme ao de "p" (§ 21); (2) afirmando que toda interpretação que garanta a conformidade de "q" pode ser ela própria confirmada ou ao menos apoiada por um outro enunciado do Texto = "z" tomado, este sim, no sentido óbvio (§ 22). O ponto (2), que supõe "o exame indutivo da totalidade dos enunciados particulares do Texto revelado", afirma a *consistência* do Texto revelado no próprio seio de sua *conformidade* com os enunciados obtidos pela via demonstrativa, já que (a) "z" é diretamente conforme a "p" e (b) a interpretação de "q" garantindo sua conformidade com "p" assegura, ao mesmo tempo, sua conformidade com "z". Esta possibilidade permanente de confirmação direta e de sua dupla conformidade se reflete na situação histórica concreta – o § 22 insiste no fato de que é *por esta razão* que há, de um lado, "consenso entre os muçulmanos para considerar" que os "enunciados literais da Revelação não devem ser todos tomados no sentido óbvio" nem devem ser interpretados ("estendidos para além do sentido óbvio pela interpretação") e, de outro, "divergência" sobre o fato de saber quais enunciados devem ou não ser interpretados. Além disso, ela pressupõe a verdade do Texto revelado, pois na hipótese em que "p" é considerado verdadeiro e em que existem enunciados do Texto que se referem a X, o ponto (1) põe como assertiva que existe necessariamente uma interpretação de "q" conforme a "p", e o ponto (2) que há necessariamente um enunciado "z" que é ou diretamente conforme à interpretação de "q" conforme a "p", ou capaz de sustentá-lo ("que tende a confirmá-lo").

O § 23 tem uma importância estratégica na economia geral do *Faṣl al-maqāl*. Ibn Rushd nele retoma, implicitamente, a classificação cognitiva dos espíritos e a distinção correlativa dos métodos introduzidos no § 16, afirmando que a existência de duas espécies de enunciados no Alcorão, os enunciados de tipo "z" (de sentido óbvio) e os enunciados de "sentido longínquo" que reclamam uma interpretação, se explica por uma diferença entre as "disposições inatas" e a "aptidão mental" dos destinatários do Texto revelado.

A existência dos textos que reclamam uma interpretação, isto é, de textos que, tomados no sentido óbvio, parecem se contradizer, só tem uma razão de ser: "indicar aos homens de uma ciência profunda" a necessidade da interpretação, "para conciliá-los" entre si, quer dizer, para colocar em conformidade com a verdade demonstrativa, e portanto também com o outro, aquele que não está conforme a ela, e por meio disso suprimir a contradição aparente no seio do Texto revelado, segundo o método descrito nos §§ 21-2. Esta resposta, apoiada por um texto capital do Alcorão, III, 7, que será retomado mais adiante (§ 28), não é compreensível senão por aquilo que ela implica logicamente, a saber, que, considerando-se a diversidade das classes de espíritos, a Revelação não pode ser feita de maneira uniforme. Os espíritos que não estão aptos para a verdade demonstrativa não podem receber certas verdades reveladas *no sentido em que elas são conformes às verdades estabelecidas por demonstração*. Certos versículos são portanto expressos de tal maneira que seu sentido óbvio está em contradição aparente com o que os "homens de uma ciência profunda" sabem ser a verdade demonstrada, mas esta contradição não está destinada a ser percebida pelo conjunto dos destinatários do Texto (já que nem todos têm acesso às conclusões da ciência demonstrativa pela via da demonstração); ela é dirigida apenas aos "homens de uma ciência profunda" para *indicar*-lhes que a verdade X objeto da demonstração não pode ser revelada ao conjunto dos destinatários do Texto. Tais enunciados podem e devem, pois, ser conformados às verdades demonstradas por aqueles que são capazes *para aqueles que são capazes* – uma conclusão cujas consequências e significação verdadeira só serão examinadas na última parte do *Discurso* (§§ 49-72).

O § 24 explora, sob a forma de objeção, a distinção entre o consenso e a divergência, enunciada rapidamente no § 22. Essa objeção,

O2, formulada como *questão* na linguagem jurídica do *permitido* e do *interdito*, será orquestrada, em toda a sua amplitude, até o § 48, desenvolvendo-se progressivamente numa discussão sobre a heterodoxia fatual das teses filosóficas.

O2 se enuncia sob a forma interrogativa. Se há três tipos de enunciados no Texto: (a) os que todos os muçulmanos concordam em tomar no sentido óbvio, (b) os que todos os muçulmanos concordam em interpretar, (c) os com relação aos quais há divergência – alguns pensando que se deve tomá-los no sentido óbvio; outros, que se deve interpretá-los –, nos vemos instantaneamente confrontados com um problema posto não pela classe (c), mas pelas classes (a) e (b): seria *permitido* decidir, quando se é "homem de uma ciência profunda", e pressionado pelo resultado da demonstração científica, interpretar um enunciado da classe (a) ou, no sentido inverso, de tomar no sentido óbvio um enunciado da classe (b)? Ibn Rushd responde questionando a modalidade de existência do consenso alegado. Se a existência do *ijmā'* é estabelecida de maneira *certa*, a interpretação dos enunciados (a) e a escolha do sentido óbvio dos enunciados (b) são *interditas*. Se a existência de *ijmā'* é apenas conjectural, as duas são *permitidas*. A ruptura do consenso não é, nesse caso, sinônimo de infidelidade – Ibn Rushd invoca aqui duas autoridades: Al-Ghazālī e Al-Juwaynī. A resposta à objeção dita a estratégia dos parágrafos seguintes: provar a impossibilidade de estabelecer de maneira certa a existência de um consenso sobre as questões teóricas.

O § 25 fixa o quadro da demonstração: não podemos estabelecer de maneira certa a existência de um consenso sobre a questão teórica sem satisfazer a duas condições: (1) delimitar um período histórico preciso, aí enumerar exatamente as fontes pertinentes, corroborar seu conteúdo com uma pluralidade significativa de testemunhos concordantes; (2) assegurar-se de que os autores alegados como testemunhas não tenham tido dois ensinamentos, um "aparente", o outro "oculto". A formulação do ponto (2) permite discernir o sentido geral da conclusão velada do § 23 – ao final do § 25, Ibn Rushd esboça, com efeito, o retrato do que deve ser a atitude dos "homens de uma ciência profunda", considerando a diversidade cognitiva dos espíritos, diante dos enunciados do Texto, cujo sentido óbvio não é diretamente conforme ao das verdades estabelecidas pela demonstração:

> *[É preciso] demonstrar que os sábios que viviam nessa época [alegada] concordavam em pensar que a Revelação não envolve o aparente e o oculto, que qualquer conhecimento sobre qualquer questão não deve ser velado a ninguém, e que todos devem ter acesso, segundo um único e mesmo método, ao conhecimento das verdades reveladas.*

O § 26 permanece no terreno da história: não se pode estabelecer, pela "tradição", a existência de um "consenso a respeito de uma questão teórica qualquer", pois, já nos "primeiros tempos do Islão", e depois *em todas as épocas da história,* alguns, entre os quais o próprio Ali, terceiro dos califas *rāshidūn*[27], julgaram (a) que "a Revelação envolve tanto o aparente quanto o oculto" e (b) que "todos" não podem conhecer o "verdadeiro sentido" de todos os enunciados. Em outras palavras, jogando com as duas acepções das palavras *bāṭin* e *ẓāhir*, sempre houve sábios para pensar que o sentido distante (*bāṭin*), "verdadeiro", de um enunciado revelado devia permanecer *oculto*, permanecendo o sentido óbvio (*ẓāhir*) *aparente* para todos. A resposta de Ibn Rushd não se refere, pois, a uma *parte* das questões teóricas, mas à sua *integralidade.* O que o § 26 afirma é que, de todas as condições que permitem estabelecer uma certeza histórica, há uma que *nunca* foi preenchida: a publicidade, a acessibilidade ou a divulgação daquilo que os sábios estimavam, ao contrário, dever deixar *oculto.* Se o *ijmā'* é historicamente acessível para as

---

[27] Cf., *infra,* trad. § 26, as palavras do primo e genro do Profeta, relatadas por Al-Boukhāri, e a nota 40 com o comentário de M. Geoffroy.

"questões religiosas práticas", o mesmo não acontece com as "questões teóricas": neste domínio, e legitimamente, sempre houve muçulmanos que reservaram sua verdadeira opinião para um pequeno círculo de discípulos.

O § 27 aborda a versão fatual de O2. Apesar do que acaba de ser dito, a saber: (1) que não se poderia taxar de infidelidade a ruptura do *ijmā'* em matéria téorica, já que (2) nenhum consenso sobre isso é historicamente acessível nem, por esse motivo, concebível, alguns "filósofos muçulmanos", no caso Al-Fārābī e Avicena, não deixaram de ser "categoricamente" considerados "infiéis". Ibn Rushd refere-se aqui à refutação dos filósofos por Al-Ghazālī no célebre *Tahāfut al-falāsifa*. Sem abandonar o terreno jurídico – trata-se de mostrar que a acusação de infidelidade (*kufr*) feita por Al-Ghazālī contra os dois "filósofos" é infundada –, o *Faṣl al-maqāl* entra, inevitavelmente, num debate propriamente filosófico. Na *Incoerência dos filósofos*, Al-Ghazālī enumera vinte teses filosóficas contrárias ao dogma (dezesseis de metafísica, quatro de física). Essas teses são todas "inovações condenáveis", mas três caem na categoria de heresia, pois contradizem formalmente a palavra do Profeta. Ibn Rushd as apresenta da seguinte maneira:

> *A tese da eternidade a parte ante do mundo; aquela segundo a qual Deus – Glorificado seja – não conhece os particulares – mas está bem acima disso; e por ter interpretado os enunciados revelados a respeito da corporeidade da ressurreição e das modalidades da vida futura.*

É nelas que se concentra inicialmente a discussão (numa ordem diferente da enumeração inicial). O objetivo declarado de Ibn Rushd é de estabelecer que "Abū Ḥāmīd se enganou a respeito dos filósofos peripatéticos" (§ 29) – fórmula que nos faz perceber claramente que ele não se preocupa em defender os dois filósofos orientais, mas o peripatetismo, e principalmente Aristóteles, ao qual se apega e cuja herança pretende preservar (ao passo que não reivindica o legado de Avicena, que ele elimina silenciosamente do *Faṣl al-maqāl* e o qual critica *aqui* implicitamente e ali explicitamente). As três teses discutidas não são formuladas da mesma maneira. As duas primeiras se exprimem sob a forma de proposições: o mundo é eterno *a parte ante*, Deus não conhece os particulares. Contrariamente ao que dizem, a terceira não nega formalmente a ressurreição dos corpos: o que se critica nos dois filósofos muçulmanos é apenas o fato de *terem interpretado* os enunciados revelados sobre a ressurreição e a vida futura[28]. Estamos aqui, pois, em plena linguagem e problemática do § 24: a ruptura do *ijmā'* devido à interpretação de enunciados que todos os muçulmanos concordam em tomar no sentido óbvio.

Pode-se notar que, entre os latinos, os mesmos temas serão encontrados nas condenações universitárias das "teses filosóficas" no século XIII[29]. Na lista das proposições censuradas pelo bispo de Paris, Étienne Tempier, encontramos: "O mundo é eterno" (tese nº 5) e "Deus não conhece os singulares" (tese nº 6). As duas constam ainda das 219 proposições condenadas em 7 de março de 1277: a eternidade do mundo *a parte ante* constitui a tese nº 83 (da qual voltaremos a falar)[30]; a afirmação de que "Deus não conhece o particular" é uma parte da tese nº 15 (cujo aspecto geral trata da impossibilidade, para Deus, de conhecer os futuros contingentes)[31]. A terceira tese

---

[28] No *Igeret*, Ibn Falaqera menciona apenas a eternidade do mundo e ignorância de Deus a respeito dos particulares. Deixa de lado a ressurreição dos corpos, que ele substitui pela imutabilidade das leis naturais, que pode ser deduzida da eternidade do mundo (e que o *Tahāfut al-tahāfut* discute detalhadamente). Este abandono do tema da ressurreição pode ser explicado tanto por estar no coração da segunda controvérsia em torno de Maimônides (entre 1230 e 1232), como sugere G. Dahan (*op. cit.*, p. 58), quanto porque o verdadeiro problema retomado por Ibn Rushd é o da "interpretação".

[29] Sobre as condenações de 1277, cf. o livro fundamental de L. Bianchi, *Il Vescovo e i Filosofi. La condanna parigina del 1277 e l'evoluzione dell'aristotelismo scolastico* (Quodlibet, 6), Bergame, Pierluigi Lubrina, 1990. Sobre a eternidade do mundo, poderá ser consultado, do mesmo L. Bianchi, *L'errore di Aristotele. La Polemica contro l'Eternità del Mondo nel XIII Secolo*, Florença, 1984.

[30] Cf. R. Hissette, *Enquête sur les 219 articles condamnés à Paris le 7 mars 1277* (Philosophes médiévaux, XXII), Louvain, Publications universitaires-Paris, Vander-Oyez, 1977, pp. 147-9.

[31] Cf. R. Hissette, *Enquête...*, pp. 39-43.

figura somente no *syllabus* de 1277: a negação da ressurreição dos corpos está implícita nas teses nº 214 ("é impossível a Deus fazer subsistir perpetuamente uma realidade transformável e corruptível" = é impossível a Deus dotar de vida eterna os corpos corruptíveis dos homens), nº 215 ("Não é possível que um corpo corrompido volte à existência numericamente idêntica ao corpo que ele era precedentemente" = é impossível entender a ressurreição da carne como a volta à vida do corpo numericamente idêntico ao que existia antes da morte) e nº 216 ("A ressurreição futura não deve ser concedida pelo filósofo, pois é impossível tratar dela por meio da razão" = o filósofo não deve admitir a ressurreição dos mortos, pois ela é inacessível à razão); a da vida futura pela tese nº 213 ("A morte é o termo das coisas temíveis" = a morte está no final de tudo – proposição que implica a negação da sobrevivência da alma e das sanções da vida futura). Há, pois, a distância, um paralelismo entre os ataques de Al-Ghazālī contra as teses dos *filósofos da terra do Islão* e as do bispo de Paris contra as teses dos *filósofos*. O paradoxo é que, apoiando-se na declaração preliminar de Étienne Tempier no *syllabus* de 1277, estigmatizando os que, em Paris mesmo, sustentam a existência de duas "verdades contrárias", a da Revelação e a da filosofia, atitude que supostamente caracteriza a doutrina de Ibn Rushd, as teses condenadas são imputadas por certos latinos, secundados por uma parte dos historiadores modernos, aos discípulos "cristãos" de Averróis.

A transferência para Ibn Rushd e seus partidários latinos do ataque efetuado inicialmente por Al-Ghazālī contra Al-Fārābī e Avicena é o resultado de uma operação complexa: (a) a invenção de uma doutrina específica, a chamada doutrina da "dupla verdade", (b) a atribuição dessa doutrina a Averróis e a seus discípulos parisienses, (c) a atribuição a eles de um conjunto de teses heterodoxas, cujo núcleo fundamental é idêntico às teses imputadas por Ghazālī aos *falāsifa*. A passagem de (b) a (c) é o fruto de um amálgama que por sua vez supõe: (d) a atribuição a Averróis de uma outra doutrina específica, a chamada doutrina da *unidade do intelecto*, para a qual Leibniz inventou, no século XVII, o título (que fez grande sucesso!) de "monopsiquismo", e cuja fórmula é "o homem não pensa" (*homo non intelligit*), (e) a associação da doutrina da unidade do intelecto à da eternidade do mundo *a parte ante* como plataforma do programa comum dos "filósofos". A combinação de todos esses fatores resulta no "averroísmo": a afirmação de uma verdade filosófica contrária à da Revelação, mas fundada em sua própria ordem e, nessa ordem, não menos válida que ela, pois não refutável pela razão, cujas teses centrais são o monopsiquismo, a eternidade do mundo, a afirmação de que Deus não conhece os singulares, a negação da ressurreição dos corpos e da vida futura. Essa montagem histórica, cujos atores são Bonaventura, Tomás de Aquino, Étienne Tempier, Ramon Lull e Petrarca, secundados após muitos intermediários por Ernest Renan, é, em seu princípio mesmo, independente do *Discurso decisivo* e da *Incoerência da incoerência* – as duas obras nas quais Ibn Rushd enfrenta explicitamente os problemas postos pelo ataque de Al-Ghazālī contra Al-Fārābī e Avicena. O resultado disso é ainda mais espantoso: no Ocidente latino, Averróis torna-se o porta-voz de uma doutrina objetivamente herética, apresentada sob a máscara hipócrita de uma "dupla verdade". Esta sequência de deformações regradas imposta às doutrinas de Ibn Rushd torna ainda mais necessário acompanhar o procedimento autêntico do *Faṣl al-maqāl*.

O § 28 prova por um último argumento "a impossibilidade de estabelecer *a respeito de interpretações, que são o apanágio dos sábios*, a existência de um consenso geralmente difundido". Os filósofos são acusados de infidelidade com relação a três pontos precisos. A qualificação de infidelidade devido à ruptura do *ijmāʿ*, segundo o próprio Al-Ghazālī, "deve ainda ser comprovada" (§ 27), mas, antes de prosseguir, devemos perguntar se *pode haver* ruptura do consenso em matéria de interpretação "científica". O argumento de Ibn Rushd é que só pode haver ruptura do consenso onde o consenso é possível. Ora, e nisso reside o ponto nodal da demonstração, o consenso é precisamente impossível em tais matérias, já que estas constituem o apanágio dos sábios. O que o § 28 deve, pois, estabelecer é que existem "interpretações que só devemos expor àqueles que estão" aptos a entendê-las – precisamente: os homens de ciência, e *apenas eles*. Ele o faz recorrendo à passagem do Alcorão, III, 7, já alegada no § 23. Numa exegese cerrada, fundada numa dupla possibilidade de pontuação do Texto, Ibn Rushd postula: (a) que há duas espécies de "crentes n'Ele [= Deus]": aqueles para os quais a crença "provém da demonstração" e aqueles "que creem n'Ele sem o suporte da demonstração"; (c) que o "tipo de crença" absolutamente "específico" dos "homens de uma ciência profunda" passa pelo conhecimento de uma "interpretação" à qual eles são os únicos capazes de aceder, pois chegam a ela pela demonstração. Não pode, portanto, haver consenso a respeito de suas interpretações, pois, para aceder ao sentido longínquo de certos enunciados do Alcorão é preciso passar por uma demonstração, e para conceber em que o sentido longínquo desses enunciados não apenas coincide, mas *coincide necessariamente* com o resultado da demonstração, é preciso ser capaz de demonstração e efetuar essa demonstração. A respeito de tais "interpretações", o consenso é assim *logicamente impossível e não exigível* – ao contrário – *com base no Alcorão*, já que é pelo próprio Alcorão que compreendemos a impossibilidade lógica de um *acordo* entre os dois tipos de crentes com base no *ponto em que se distinguem* seus dois tipos de crenças. Por isso a acusação de ruptura do *ijmā'* é, por sua vez, e pelas mesmas razões, conceitualmente incoerente: é "por si uma evidência para todos que estão de boa-fé".

Isto posto, resta examinar as acusações levantadas por Al-Ghazālī contra os filósofos, pois criticá-los por romper o consenso em matéria de interpretação é uma coisa (e acabamos de ver que essa crítica não é válida, mas se quisermos absolutamente nos situar nesse terreno, emprestar-lhes teses que não sustentaram é outra coisa, e atribuir-lhes como exclusiva uma tese que não foram os únicos a ter sustentado é uma terceira: num caso, com efeito, fazem-nos romper um consenso que não romperam num outro, fazem-nos romper um consenso que não existe. Se o § 28 rechaçava potencialmente a terceira alegação de Abū Ḥāmīd ("ter *interpretado* os enunciados revelados a respeito da corporeidade da ressurreição e as modalidades da vida futura"), dirigida contra Avicena e Al-Fārābī, mostrando que não podia haver sobre esse ponto ruptura do *ijmāʿ*, os §§ 29 e seguintes analisam precisamente as verdadeiras teses dos "filósofos peripatéticos" sobre as duas questões em suspenso.

O § 29 mostra que, contrariamente ao que afirma Al-Ghazālī, os filósofos não sustentam que Deus não conhece *absolutamente* os particulares, mas apenas que "Ele os conhece com uma ciência genericamente diferente daquela que temos". Na sua explicação sobre a diferença entre os dois tipos de conhecimento, Ibn Rushd apoia-se num princípio que a Idade Média latina tomará de empréstimo, a ponto de erigi-lo em *auctoritas*: a ciência humana é causada por seu objeto, a ciência divina é causa de seu objeto[32]. A palavra "ciência" aplicada às duas é, pois, um homônimo: a ciência humana é ao mesmo tempo "adventícia" e "mutável", como são os particulares que constituem seu objeto, a ciência divina não é evidentemente assim, pois seu objeto "é o ser" (*al-wujūd*) – tema desenvolvido detalhadamente no *Apêndice* (*Damīmah*), o tratado mencionado no final do § 29, provavelmente redigido por Ibn Rushd a pedido de Abū Yaʿqūb Yūssuf.

O § 30 precisa a análise sublinhando (a) que os peripatéticos estão tão longe de recusar a Deus o conhecimento dos particulares que a ele recorrem para explicar filosoficamente a adivinhação pelos sonhos (e poderíamos acrescentar, passando de Aristóteles aos

---

[32] O comentário 51 do *Grande comentário sobre a metafísica*, livro XII, explica claramente que a ciência divina é homônima à nossa ciência, pois as *species* (formas inteligíveis) que as constituem são elas próprias homônimas – umas são causas das coisas, as outras são causadas pelas coisas. Cf. Averróis, *In Metaph.*, XII, comentário 51; *editio Veneta*, t. 8, fº 351F. O tema da homonímia das duas "ciências" é retomado particularmente por Albert le Grand. Cf. *De causis et processu universitatis*, I, 2, 7; ed. W. Fauser (*editio Coloniensis*, XVII/2), Münster/Aschendorff, 1993, p. 32, 26-51.

peripatéticos da terra do Islão, a profecia natural); (b) que sua verdadeira tese – a homonímia do termo "ciência" aplicada ao homem e a Deus – não valendo apenas para os particulares, mas aplicando-se, do mesmo modo e segundo a mesma distinção, entre a ciência-causa e a ciência-causada, aos universais, sua posição autêntica, fundada na demonstração, é que a "Ciência [divina] transcende o fato de ser qualificada de universal ou de particular"[33]. O verdadeiro ponto de vista dos peripatéticos não é pois nem o que Al-Ghazālī lhes imputa ("Deus não conhece os particulares") nem – e a crítica está implícita – o que Avicena, que o adota, acredita ser o deles ("Deus conhece os particulares com ciência universal"[34]), mas o que *limita à ciência humana* a pertinência da distinção entre conhecimento particular e conhecimento universal. A questão da "infidelidade" dos filósofos, dos verdadeiros peripatéticos, em outras palavras, dos Antigos, dos quais Ibn Rushd se elege advogado, é, pois, "sem objeto".

Dando início a uma confrontação, que o restante do texto irá desenvolver em todas as suas consequências, entre *teólogos ash'arītas* e

---

[33] É a posição que Ibn Rushd defende em seus comentários de Aristóteles. O mesmo comentário 51 de *In Metaph.*, XII, alude que a ciência de Deus não é nem universal nem particular, nem em potência nem em ato. Sobre este ponto, Cf. Albert le Grand, *De causis et processu universitatis*, I, 2, 6, ed. cit., p. 31, 82-32, 25.

[34] A tese de Avicena é também *relatada* dessa forma por Al-Ghazālī nas *Intenções dos filósofos*. A versão latina, que influenciou inúmeros autores medievais, diz claramente: "*Primus non scit* [Muckle *sit!*] *particularia nisi secundum maneriam universalem, et talis intelligendo est ab eterno sine fine, quoniam non permutatur*" (cf. Algazel, *Metaphysica*, pars 1, tr. 3, sent. 6; ed. Muckle, p. 72, 24-6). O contexto da discussão deve ser lembrado: trata-se de explicar como Deus pode conhecer particulares acontecendo no tempo, sem que seu conhecimento seja modificado pelo desenrolar do acontecimento (saber que um eclipse acontecerá amanhã, saber que ele está acontecendo hoje e saber que aconteceu ontem não são o *mesmo* saber: como evitar que a mutabilidade do conhecido determine uma mutação do cognoscente?). A resposta dos "filósofos" (= Avicena) relatada por Al-Ghazālī consiste em dizer (1) que todo particular tendo uma causa, (2) Deus o conhece por sua causa, mas (3) de um modo universal sem marca temporal, e, portanto (4), desde toda a eternidade. A universalidade destina-se a garantir o caráter pré-eterno (*ab eterno*) e imutável da ciência divina (cf. Algazel, *Metaphysica, ibid.*, p. 73, 1-8): "*Nullum particulare est adeo minimum quod non habeat causam, et ipse scit illud per causam suam sed admodum universaliter nec est in illo designacio aliqua temporis vel hore. Unde restat quod ipse scit illud sciens ab eterno sine fine. Nichil igitur adeo minimum est quod scienciam eius effugiat; preter hoc eciam omnes eius disposiciones semper hedem sunt, nec permutantur, nec variantur*." É esta tese e solução avicenista do problema do conhecimento dos particulares que Ibn Rushd rejeita aqui implicitamente como *não peripatética*.

filósofos antigos, o § 31 mostra que suas respectivas teses sobre a eternidade do mundo *a parte ante* não são tão diferentes quanto dizem. O que os separa é, em primeiro lugar, uma *questão de palavras*. Estão todos de acordo, com efeito, em distinguir três tipos de seres: dois extremos e um intermediário. O primeiro extremo é constituído pelos corpos submetidos à geração, a qual é, como eles, percebida pela *sensação*; o outro extremo é o Ser pré-eterno, "o Agente de tudo, que faz vir ao e mantém tudo no Ser", o qual, apreensível "pela *demonstração*", é Deus. O intermediário entre os dois extremos é o "[próprio] mundo na sua totalidade". A distinção das três espécies de ser resulta de uma combinatória. Dados dois predicados: "p" = ser (tirado) de alguma coisa e "q" = ser (causado) por alguma coisa, a afirmação deles (= +) e sua negação (= −), temos o seguinte quadro:

	p	q
Corpo	+	+
Mundo	−	+
Deus	−	−

A quarta classe possível logicamente (a dos seres que seriam tirados de alguma coisa, isto é, engendrados no tempo a partir de alguma coisa preexistente, sem serem nisso causados por outra coisa) não é preenchida: tudo o que é produzido por alguma coisa (*ab alio*) a partir de alguma coisa (*ex aliquo*), ou produzido por alguma coisa sem ser produzido a partir de alguma coisa, ou não é nem produzido por alguma coisa nem produzido a partir de outra coisa. Podemos notar que o sistema conceitual estabelecido por Ibn Rushd é encontrado nos autores latinos do século XIII, nos quais está lexicalizado pelos termos *elaboratum* e *factum*[35].

---

[35] Cf. entre outros, Pseudo-Adam de Bocfeld, *Scriptum super Librum de Causis*, ms. Venise, Biblioteca Marciana, Lat. VI, 1 (2821), f⁰ 20va; Roger Bacon, *Questiones supra undecimum prime philosophie Aristotelis (Metaphysica, XII). Primae et secundae*, ed. R. Steele e F. M. Delorme (*Opera Hactenus Inedita Rogeri Baconi*, VII), Oxford, Clarendon Press, 1926, pp. 114, 16-115, 14.

O § 32 se concentra, nesse quadro, no ser do mundo. Os teólogos ashʿarītas têm aqui três teses precisas: (a) admitem ou *deveriam admitir*, já que o tempo está para eles "vinculado ao movimento e aos corpos", que o "ser do mundo não é precedido pelo tempo"; (b) admitem que o tempo futuro e o ser no futuro são infinitos; (c) colocam que o tempo passado e o ser no passado são finitos. Os filósofos partilham com eles as teses (a) e (b). A tese (c), em contrapartida, não é objeto de um *consenso filosófico*: os platônicos a sustentam, os aristotélicos a rejeitam. Esta divergência é facilmente explicável: como o ser do mundo, que é *intermediário* entre o ser dos corpos engendrados e o de Deus, apresenta uma *similitude com um e com outro* (*isto é*, com o ser dos corpos: +q, com o ser de Deus: ~p), poderemos, segundo a similitude que escolhermos fazer prevalecer, atribuir indiferentemente ao ser do mundo o nome de "pré-eterno" (se escolhermos ~p) ou o de "adventício" (se escolhermos +q). Trata-se em todos os casos de denominações por similitude, não de determinações no sentido próprio: a palavra "pré-eterno" não é tomada no sentido próprio, pois o que é propriamente pré-eterno é *incausado* (o que não é o caso do mundo, alinhado com +q), mas também não o é o termo "adventício", pois o que é propriamente adventício é necessariamente *corruptível* (o que não é o caso do mundo, alinhado com ~p). Em virtude da definição mesma do ser do mundo pela dupla ~p/+q, nenhuma denominação pode, pois, prevalecer sobre a outra. Os platônicos, que sustentam (c), escolheram chamar o ser do mundo de "adventício-eterno", mas o que entendem por isso não é compatível com (a): o que significa que o "ser do mundo não é precedido pelo tempo", porque o tempo "teve um começo no passado", ao passo que os aristotélicos, que rejeitam (c), sustentam que o "ser do mundo não é precedido pelo tempo", porque "o tempo passado e o ser no passado" são infinitos. Consequentemente, (1) não se pode, como os teólogos, sustentar que "os nomes de pré-eternidade" e de "adventicidade" *aplicados ao mundo em sua totalidade* são opostos", já que um quiasma das denominações é imposto pelas propriedades do definido (~p/+q) em função da escolha de um tipo de similitude com os extremos dos quais ele participa como intermediário; e (2) eles não podem tachar de infidelidade a tese peripatética, já que, concordando (sem querer) com os platônicos, inscrevem-se, desse modo, no interior de um debate filosófico no qual é preciso ou qualificar de "infiel" *tanto uma posição quanto a outra*, ou não qualificar assim *nenhuma* delas.

O § 33 volta à carga desferindo um golpe *decisivo* nos teólogos. A discussão da tese dos filósofos sobre a eternidade do mundo *a parte ante* nos fez momentaneamente perder de vista o Texto revelado. Ora, se "procedermos ao exame indutivo" do Alcorão, se voltarmos ao Texto, como devemos fazer antes de tachar alguém de "infidelidade", constataremos que a tese (c), partilhada pelos ashʻarītas e pelos platônicos, simplesmente não é "conforme *ao sentido óbvio* do Texto revelado"! O que diz o Texto, *no sentido óbvio*, é, com efeito, que, se "a *forma* do mundo é efetivamente adventícia, *o ser* mesmo e o *tempo* são sem fim nas duas direções" (*a parte ante* e *a parte post*). O sentido óbvio dos enunciados do Alcorão referentes ao mundo (XI, 7; XIV, 48; XLI, 11) está do lado dos peripatéticos. Seja, por exemplo, o enunciado do Alcorão, XI, 7: "Foi Ele quem criou os céus e a terra em seis dias – Seu trono era então sobre a água." Este enunciado diz de maneira óbvia que Deus criou o mundo *formando o ser*, não diz "de maneira unívoca" que Ele o tenha criado *ex nihilo*; existiu pois um ser no passado (designado pelas palavras "trono" e "água"), antes que o mundo tenha recebido a forma que conhecemos; do mesmo modo, já que está dito que "[Seu trono] *então era* [sobre a água]", a existência de um tempo que "se escoava anteriormente a esse tempo", de um tempo anterior ao nosso tempo físico, "número do movimento da esfera suprema" (segundo Aristóteles), é igualmente posta pelo Texto revelado. Deus criou este mundo dando forma ao ser e, consequentemente, criou este tempo: um tempo que não "se coaduna com esta forma de existência" precedeu este tempo, e o ser criado por Deus precedeu a formação que criou este

INTRODUÇÃO

mundo. São, pois, os ash'arītas que, sobre a questão do mundo, *interpretam* o Texto revelado. Certos filósofos, em contrapartida, sustentam uma doutrina conforme o sentido óbvio do Alcorão. A estratégia argumentativa de Ibn Rushd se mostra aqui em toda a sua força. Os "filósofos" em questão não são *os* platônicos, que têm a mesma tese dos ash'arītas. São *peripatéticos*. Mas de quem se trata? Dos Antigos? Surge um novo quiasma: assim como os ash'arītas assumem *sem saber* as posições filosóficas platônicas, os peripatéticos antigos assumem *sem saber* as posições conformes ao sentido óbvio do Texto. Nada impede, pois, de fazer figurar nesta "escola de filósofos" os *muçulmanos* que sustentariam *em pleno conhecimento de causa* a "tese conforme ao sentido óbvio do Texto a respeito da existência do mundo". Tais filósofos não poderiam ser acusados de romper o *ijmā'*, pois ninguém pode concordar com os teólogos ash'arītas a respeito de uma interpretação contrária ao sentido óbvio do Alcorão, quando *uma* escola de filósofos sustenta uma tese que lhe é conforme. Apoiando-se nos Antigos, Ibn Rushd elabora, pois, um argumento destinado *ao presente*: como nota sutilmente G. F. Hourani, os ash'arītas não podem invocar o *ijmā'* a respeito de sua doutrina, pois *há* um grupo de *sábios muçulmanos* que, com razão, não o aceita – os filósofos peripatéticos (subentendido: o próprio Ibn Rushd). O ponto é capital, pois implica, por refração, que esses filósofos, se existem, pertencem aos '*ulamā*', cujo acordo é indispensável para o estabelecimento de um consenso.

O § 34 prossegue, pois, no terreno jurídico. Não está em poder do homem recusar seu consentimento a uma "prova estabelecida no seu espírito". Assentir à conclusão de uma demonstração é um "ato imposto e não livre", pois uma demonstração que não se *impusesse* não seria uma demonstração. Ora, o livre-arbítrio é uma das "condições da responsabilidade legal". Assim, das duas, uma: ou o homem de ciência comportando-se como homem de ciência alcança a verdade e deve ser recompensado, ou se engana e deve ser *perdoado*. Enganar-se em domínios tão árduos quanto os evocados nos parágrafos precedentes nada tem de surpreendente. O que o Profeta disse do juiz num célebre *ḥadīth* vale *a fortiori* para o juiz ainda mais eminente que é "o sábio para o qual Deus reservou – e somente para ele – o direito de interpretar". Existem, pois, duas espécies de erros em matéria teórica, como existem duas espécies de erros em matéria prática. Em matéria prática, o erro cometido pelo juiz que reúne todas as condições legais que o habilitam a julgar (o esforço de julgamento pessoal, o conhecimento da Tradição profética, o domínio do raciocínio analógico) é perdoável, o do juiz "ignorante" não: é um "puro pecado". Do mesmo modo, e *a fortiori*, o erro cometido por "aquele que julga sobre os seres" (o filósofo), quando este reúne todas as condições requeridas para o julgamento (filosófico), é desculpável, mas é "pecado ou infidelidade" errar por ignorância ou por inabilidade (§ 35). Ainda mais precisamente, há *erro perdoável* "do ponto de vista da Lei" quando um especialista se engana seguindo as regras de sua arte, quer se trate do "exame racional" do ato médico ou do juízo legal, e há erro imperdoável quando aquele que se engana "não pertence ao meio", quer não domine os princípios de sua arte, quer não possua em absoluto os princípios desta arte. "*Venha de quem vier*", o erro imperdoável compreende entretanto duas categorias: a impiedade, se atinge os "princípios fundamentais da Lei revelada"; e a inovação condenável, se permanece aquém desta Lei (§ 36).

A infidelidade diz respeito apenas às coisas que podem ser conhecidas por meio de algum método de argumentação, seja ele demonstrativo, dialético ou retórico: os princípios fundamentais, que são "o reconhecimento da existência de Deus, das profecias, da bem-aventurança ou dos tormentos no outro mundo". Negar esses princípios é imperdoável, quer nos incluamos entre os homens de demonstração, os homens de dialética ou os de exortação (§ 37). Retomando a distinção entre as três classes de argumentos e as três classes de espíritos introduzida no § 16, Ibn Rushd prepara a conclusão geral que vai formular no § 40, dando uma *tipologia completa* dos casos de infidelidade e de inovação condenável.

INTRODUÇÃO

O § 38 explica a existência de um duplo sentido do Texto revelado: o sentido óbvio e o figurado (introduzidos no § 20), e a explicação fornecida em seguida permite distinguir (§ 39) dois modos do sentido óbvio. O eixo das duas distinções é a existência de dois tipos de coisas reveláveis (o que não significa dois tipos de verdade nem uma "dupla verdade"!): as que são acessíveis aos três métodos "que levam à crença"; e as que só são acessíveis a um deles, o método demonstrativo. Sendo a Revelação *para todos os homens*, há, pois, uma diferença na revelação do revelável. Para as "coisas que, em razão de seu caráter abscôndito, só podem ser conhecidas pela demonstração", Deus "concedeu a graça", para aqueles que são incapazes de demonstração, "de apresentar-lhes símbolos dessas coisas", para que eles possam, apesar de tudo, "assentir a elas por meio de argumentos que são comuns a todos [os homens], quer dizer, os argumentos dialéticos e os retóricos". Especificamente nesse caso, o *sentido óbvio* não passa, pois, de um *meio de substituição* utilizado por Deus para conduzir aqueles de seus servidores que são incapazes a uma verdade da qual não poderiam ser excluídos: é um "*símbolo* empregado para representar as ideias" acessíveis unicamente pela demonstração – o *sentido figurado* sendo "estas [próprias] ideias que só se revelam aos homens de demonstração" (§ 38). Em contrapartida, para as coisas às quais os três métodos de conhecimento podem levar, nenhum meio de substituição é necessário: não há então representação simbólica. Nesse caso, o sentido óbvio é não apenas o único real, mas o único requerido, e o único lícito: toda interpretação é infundada e ímpia. O § 39 não deixa, portanto, nenhuma dúvida: tratando-se dos princípios fundamentais da Lei, toda interpretação é *infidelidade*. Estatuindo sobre a questão da "bem-aventurança e dos tormentos no outro mundo" evocada no § 37, Ibn Rushd responde então que ela não constitui objeto de interpretação. Pode-se considerar que haja aí uma contradição. Ibn Rushd acaso não demonstrou anteriormente que não se pode, como faz Al-Ghazālī, tachar de infidelidade os filósofos "por terem *interpre-*

tado os enunciados revelados sobre a corporeidade da ressurreição e as modalidades da vida futura"? Parece-nos que não, por duas razões: (1) Ibn Rushd demonstrou que não se pode atacar uma interpretação nesse domínio preciso com o pretexto de que romperia com o *ijmā'*; (2) ele distinguiu, no § 36, dois tipos de erros: a impiedade, que atinge os "princípios fundamentais da Lei revelada", e a inovação condenável, que permanece aquém dessa lei. Ora, de que trata o enunciado do § 39? Da negação radical da *bem-aventurança* e dos *tormentos* futuros, de uma tese *materialista* ("não há outro fim para o homem além de sua existência sensível"), que reduz o dogma a uma *fábula socialmente útil* (um "subterfúgio" destinado a "proteger os homens uns dos outros", inspirando-lhes a esperança de uma recompensa e o temor de um castigo no outro mundo, não de uma interpretação sobre "a corporeidade da ressurreição e as modalidades da vida futura". Em outras palavras: é infidelidade negar o dogma da vida futura, pois o Texto tornou-o diretamente acessível a todos os homens (isto é, sem recorrer a símbolos). O § 39 não diz, em contrapartida, que seja infidelidade a interpretação das modalidades. A proibição da interpretação, que diz respeito apenas ao que concerne ao *princípio fundamental*, não contradiz, portanto, as análises precedentes. A qualificação da interpretação no que diz respeito à "corporeidade da ressurreição e às modalidades da vida futura" reclama, entretanto, outras análises.

A fim de preparar sua resposta, que dará a partir do § 43, Ibn Rushd erige uma tipologia geral dos enunciados da Revelação (§ 40). O conjunto é sutilmente disposto. Há duas classes de enunciados: os "versículos unívocos" (expressão que emprestamos do § 23) e os "versículos equívocos" (expressão que emprestamos do § 41). Para os versículos unívocos, a atribuição do sentido óbvio é obrigatória para todos, e a interpretação proibida para todos (a interpretação proibida constituindo *infidelidade* se ela se refere aos princípios do dogma, e *inovação condenável* se ela permanece aquém deles, cf. § 36). Para os versículos equívocos, é preciso distinguir entre as classes de espíritos. Para os homens de demonstração: a interpretação é obrigatória e a atribuição do sentido óbvio é proibida (a atribuição do sentido óbvio constituindo infidelidade); para os outros: a atribuição do sentido óbvio é obrigatória, e a interpretação proibida (sendo a interpretação ou infidelidade ou inovação condenável). Em outros termos, a relação dos homens de dialética e de exortação com os versículos equívocos é a mesma que a das três classes de espíritos com os versículos unívocos.

Partindo de exemplos precisos, o § 41 recorre à tipologia do § 40. Diante de enunciados que evocam, por exemplo, o "estar sentado de Deus [no trono]" ou a "descida de Deus", devemos responder tanto aos homens de imaginação (= exortação) quanto aos de dialética (cuja reflexão é superior, já que "rejeitam a crença na corporeidade divina", mas insuficiente aos olhos da razão demonstrativa) que se trata de versículos *equívocos*, cuja "interpretação ninguém além de Deus conhece" (Alcorão, III, 7): o que significa proibir a esses homens qualquer interpretação, produzindo um belo efeito de ressonância com o § 23. No § 23, a primeira pontuação do Alcorão, III, 7 (marcando a pausa após "e os homens de uma ciência profunda"), era, com efeito, alegada para impedir que os espíritos não racionais proibissem aos homens de demonstração suas interpretações racionais, ao passo que no § 41 é a segunda pontuação (marcando a pausa após "Deus") que é invocada para proibir aos homens não racionais suas interpretações (não demonstrativas). O mesmo parágrafo introduz, além disso, uma distinção no campo mesmo dos homens de demonstração: diante de um versículo equívoco, há entre eles um consenso sobre a necessidade da interpretação, mas divergência sobre a natureza desta, pois nem todos estão no mesmo "grau no conhecimento da demonstração".

Fundando-se na observação final do § 41, o § 42 prossegue apontando a existência de uma terceira espécie de enunciados revelados, que "hesitam", "oscilam" entre os unívocos e os equívocos. Esta "hesitação" (aqui considerada uma propriedade do enunciado) deve-

-se ao fato de os homens de demonstração classificá-los entre os enunciados que devemos tomar, como todo o mundo, obrigatoriamente no sentido óbvio, enquanto uma outra parte os coloca entre aqueles que é proibido aos sábios tomar no sentido óbvio. Para os sábios, estes enunciados "hesitantes" não são a ocasião de erro imperdoável, em razão mesmo de sua "dificuldade e ambiguidade".

Dado que existem três espécies de enunciados – os equívocos, os unívocos e os que hesitam entre eles –, o § 43 responde à questão deixada em suspenso no § 39. Ele o faz perguntando onde classificar os enunciados revelados que abordam "os caracteres e as modalidades da vida futura". O problema é rapidamente resolvido: são enunciados "hesitantes", pois aqueles que reivindicam para si a demonstração ou a praticam divergem sobre a qualificação de sua interpretação. Para os ash'arītas, aqui classificados entre os homens de demonstração (fato que os historiadores que identificam simplesmente teólogos e dialéticos deixam escapar), a atribuição do sentido óbvio é obrigatória, já que nenhuma demonstração pode falsificá-los quando são tomados nesse sentido; para outros praticantes da demonstração, em contrapartida, a interpretação é a regra e mesmo, conforme o caso, a pluralidade das interpretações. Habilidosamente Ibn Rushd coloca no segundo grupo Al-Ghazālī e "numerosos sufis" – o que acaba de destruir os ataques lançados, quanto a este ponto, contra os filósofos no *Tahāfut al-falāsifa* e desfere um golpe mortal na ficção de um *ijmā'*.

Os §§ 44-8 tiram a conclusão do conjunto da discussão e abrem a questão *política* que vai dominar toda a última parte do *Faṣl al-maqāl*.

O § 44 começa resumindo as conclusões parciais: os sábios que cometem um erro sobre "a qualidade da vida futura", sem "colocar em jogo sua existência", serão perdoados por Deus, pois não se trata dos princípios fundamentais; aqueles que, não sendo homens de ciência, interpretam os enunciados que se referem a esses princípios para além de seu sentido óbvio são infiéis – como todo o mundo, seríamos tentados a acrescentar (pois também os homens

INTRODUÇÃO

de ciência devem tomar no sentido óbvio os enunciados unívocos que tratam da substância do dogma). Em seguida o parágrafo introduz um tema novo: aquele que, não sendo homem de ciência, pratica a interpretação (dos enunciados equívocos ou hesitantes) é infiel ao mesmo tempo porque viola a obrigação que lhe é imposta de tomar os textos em seu sentido óbvio e porque esta interpretação leva-o à infidelidade (digamos: ao ceticismo privado). A mesma observação vale para aqueles que, sendo homens de ciência, praticam legitimamente a interpretação, mas divulgam suas teses entre aqueles que não podem entendê-las, pois incitam esses últimos à infidelidade.

O § 45 formula a tese coercitiva, por meio da qual Ibn Rushd pensa estabelecer em bases seguras a possibilidade social da filosofia. As "interpretações devem ser deitadas por escrito" apenas nos livros do gênero demonstrativo, "pois apenas os homens de demonstração terão acesso a eles". Colocá-los em circulação em outros tipos de livros, usando meios "poéticos, retóricos e dialéticos", significa "pecar tanto contra a Revelação quanto contra a filosofia", mesmo que, como Al-Ghazālī, acreditemos estar fazendo o certo. Saborosa ironia: a intenção de Abū Ḥāmīd, de novo colocado entre os homens de demonstração, era boa – aumentar o número dos homens de ciência; o resultado real obtido, porém, foi deplorável – ele produziu tantos depravados quantos sábios. A depravação visada por Ibn Rushd é uma maneira hábil de enunciar a verdadeira *conexão* entre a Revelação e a filosofia, considerando os efeitos produzidos pela divulgação das obras de Abū Ḥāmīd sob a forma não demonstrativa na qual ele as expôs: ou uma difamação da filosofia, ou uma difamação da Lei revelada, ou uma conciliação acidental de uma e de outra. A prova, segundo Ibn Rushd, de que Al-Ghazālī tenha procurado a conciliação por meios inapropriados, isto é, dirigindo-se a um auditório fundamentalmente inapropriado, é o fato de ele mudar de escola e de grupo a cada novo livro: é ashʿarīta com os ashʿarītas, sufi com os sufis, filósofo com os

XLVII

filósofos – desastroso ecletismo, que não serve nem à Revelação nem à filosofia.

O § 46 recorre então ao príncipe, quer dizer, aos "chefes políticos dos muçulmanos". Para estabelecer socialmente a ciência racional, só há uma solução: política e coercitiva. É preciso: (a) começar por proibir àqueles que não estão aptos à ciência os livros de Al-Ghazālī, que expõem conhecimentos científicos sob uma forma dialética ou retórica; (b) é preciso em seguida proibir-lhes a leitura dos livros (de outros autores, diferentes de Al-Ghazālī) em que esses conhecimentos são expostos segundo o método demonstrativo – apesar de o perigo ser, nesse caso, menor, pois é evidente que apenas homens que são naturalmente aptos à ciência, mas que não chegaram até ela por um acidente qualquer, correm algum risco ao lê-los – o que diminuiu sensivelmente o perigo social.

Em contrapartida, como sublinha energicamente o § 47, proibir *totalmente* os livros de demonstração, e portanto impedir a circulação da ciência entre aqueles que estão perfeitamente aptos a ela, seria um erro irreparável. Seria opor-se à Revelação que "convoca" os homens "a praticar" a demonstração, prejudicando ao mesmo tempo a mais perfeita classe de homens (= os sujeitos mais capazes de conhecer) e a mais perfeita classe de seres (= os objetos mais dignos de serem conhecidos) – um "prejuízo imenso" (segundo a expressão do Alcorão, XXXI, 13).

Poder-se-ia objetar que o próprio Ibn Rushd infringe seu princípio escrevendo um livro de feitio e de essência argumentativa jurídicos (recorrendo massivamente aos *qiyās*) sobre um tema que ele deveria ter exposto nos livros de demonstração. O próprio § 48 já formula a objeção. Sua resposta é que o debate sobre a "relação entre a Revelação e a filosofia" e sobre o estatuto "da interpretação do Texto revelado" *já é público*, e por isso não poderia subtrair-se a ele, e que, de qualquer modo, ele tratou demonstrativamente, em outro lugar, das três questões litigiosas levantadas contra os filósofos por Al-Ghazālī. Nessa réplica, a primeira consideração é a mais importante: ele indica a urgência política e a dimensão ideológica que, de fato, reclamam de Ibn Rushd, "*juiz* e sapientíssimo", um texto com a feição e o estilo, senão exatamente com o alcance, de um *fatwā*.

* * *

Terceira parte: §§ 49-72.

Após apresentar "a finalidade da Revelação" – "ensinar a ciência verdadeira e a prática verdadeira" –, o § 49 define a ciência verdadeira: a filosofia primeira, "conhecimento de Deus e dos entes tal como são", especialmente "os mais sublimes entre eles" (isto é, as inteligências ou substâncias separadas), na medida em que ela alcança o "conhecimento da bem-aventurança" e da escatologia. A prática verdadeira se define em função de seu objetivo – "a realização dos atos que garantam a bem-aventurança e a evitação daqueles que levam aos tormentos" – e em função de seu meio – a ciência prática, que é "o conhecimento desses atos".

O § 50, fazendo uma digressão, descreve de forma sumária os atos que constituem o objeto da ciência prática (os atos "exteriores e corporais", objeto da "ciência da Lei", os atos "psíquicos" – as virtudes e os vícios –, cuja ciência é "o ascetismo") e situa nesse segundo terreno o sentido geral da empresa de Al-Ghazālī em *Renascimento das ciências da religião*.

Retomando o fio, o § 51 torna a falar da dupla finalidade *pedagógica* da Revelação. Já que se trata de *ensino*, Ibn Rushd lembra as duas operações sobre as quais repousa, do ponto de vista *lógico*, todo ensino: a produção de uma "representação", a produção de um "assentimento". Há dois modos de produzir uma representação: representar-se uma coisa ou representar-se um símbolo (distinção que todos os teólogos cristãos da Idade Média colocam no fundamento de suas exposições sobre a ciência teológica, numa formulação similar que emprestam de Agostinho: "Toda ciência trata ou das coisas ou dos signos"), e três maneiras de "produzir o assentimento": a demonstrativa, a dialética e a retórica. Esta dupla distinção explica *a priori* as diversas vias utilizadas pela Revelação: considerando as diferenças de disposição entre os homens, "era preciso necessariamente que o Texto revelado compreendesse *todos os tipos* de produção do *assentimento* e da *representação*".

A combinação de todos esses fatores permite definir conceitualmente a maneira como se apresenta o Texto revelado (§ 52). Os métodos de produção do assentimento são hierarquizados de acordo com sua extensão: os retóricos abrangem a maior parte dos homens; os dialéticos, uma parte mais restrita; os demonstrativos, uma parte ínfima. Portanto, (1) como a finalidade *primeira* da Revelação é de "se preocupar com a *maioria*", e (2) como a Revelação não pode não ser perfeita, quer dizer, dirigida também à *minoria*, os argumentos retóricos têm uma extensão mais ampla, o que satisfaz a (1), e o Texto contém "sinais" dirigidos à elite – isto é, enunciados que os incitam à interpretação – o que satisfaz a (2).

O § 53 erige uma tipologia de todos os argumentos destinados à maioria utilizados no Texto revelado, combinando duas modalidades (no sentido lógico) para as premissas: *provável* (= comumente admitida) e *certa* (implicitamente analisada em certa *por si* e certa *por acidente*), e dois tipos de significação para as conclusões: no sentido próprio e no sentido simbólico. Podemos representar assim a tipologia dos argumentos destinados à *maioria* (em que "Ac" significa *por acidente*):

	PREMISSAS	CONCLUSÕES	
	prováveis	certas	sentido próprio	sentido figurado
argumentos (1)	+	+Ac	+	
argumentos (2)	+	+Ac		+
argumentos (3)	+	~[+Ac]	+	
argumentos (4)	+	~[+ Ac]		+

INTRODUÇÃO

Essa combinação permite classificar esses argumentos do ponto de vista da interpretação: os argumentos [1] são aqueles sobre os quais *nenhuma* interpretação é possível; os argumentos [2] são aqueles cujas *conclusões* podem ser interpretadas (mas não as premissas); os argumentos [3] são aqueles cujas *premissas* podem ser interpretadas (mas não as conclusões); os argumentos [4] são aqueles cuja interpretação é *obrigatória* para a elite e *proibida* para a massa.

Nesses quatro tipos de argumentos, o que é suscetível de interpretação sendo coextensivo àquilo que pode ser verdadeiramente apreendido pela demonstração, podemos dizer que podem ser verdadeiramente apreendidos demonstrativamente: para [1], *nada*; para [2], as *conclusões*; para [3], as *premissas*; para [4], *tudo*. Mas como "ser verdadeiramente apreendido demonstrativamente" significa "ser interpretado", podemos dizer que diante de [2]-[3]-[4] as obrigações legais dos crentes são *necessariamente* diferentes: a obrigação da elite é a de "proceder à interpretação", a obrigação da massa é de atribuir-lhes seu sentido óbvio (a) quanto à representação (isto é, ao *conteúdo* da crença), (b) quanto ao assentimento (isto é, ao *ato* de crença).

O § 54 caracteriza os argumentos da parte média (isto é, não da *maioria* = a massa nem da *minoria* = a elite): entre os "métodos comuns" (isto é, os métodos retóricos e dialéticos), alguns têm uma força *persuasiva* maior (= os métodos dialéticos). Em certos casos, portanto, um enunciado assim interpretado (= dialeticamente) produz uma persuasão mais forte que seu sentido óbvio. O estatuto legal de tais interpretações, que são "vulgares", coloca um problema que Ibn Rushd deixa parcialmente em aberto: essas interpretações são uma *obrigação* para a parte média, intermediária entre a massa e a elite – em outras palavras, os ashʻaritas e os muʻtazilītas (sendo estes, *a maior parte do tempo*, mais confiáveis que aqueles); em contrapartida, para a massa, que tem a obrigação de se limitar em todos os casos ao sentido óbvio, é *necessariamente* ("absolutamente") *proibido* conhecer essas interpretações dialéticas.

LI

O § 55 faz a síntese de todas essas análises retomando a classificação cognitiva dos espíritos introduzida nos §§ 16-7. Há três classes de homens, distinguidos segundo duas variáveis: (a) sua aptidão para conhecer a interpretação (interpretação que pode ser ou dialética ou certa, isto é, demonstrativa), (b) sua maneira de assentir. A primeira classe é a massa (a "grande massa dos humanos"): (a) não habilitada a conhecer nenhuma interpretação e (b) cujo assentimento é obtido pela retórica; a segunda classe está (a) habilitada a conhecer a interpretação dialética e (b) seu assentimento é obtido pela dialética, segundo a natureza de cada um de seus membros, reforçada, conforme o caso, pelo hábito; a terceira classe está (a) habilitada a conhecer a interpretação certa e (b) seu assentimento é obtido pela demonstração, segundo a natureza de cada um de seus membros e segundo a ciência que adquiriram (a filosofia).

O § 56, retomando a conclusão do § 55, reformula a tese coercitiva expressa no § 46. As interpretações filosóficas não devem ser expostas nem aos dialéticos nem à massa, pois isso leva à infidelidade. A interpretação certa tem dois efeitos: invalida o sentido óbvio e desvela um sentido novo. Invalidar o sentido óbvio em certos espíritos, sem que o sentido novo possa *se mostrar para ele*, significa levá-lo infalivelmente à infidelidade. Como no § 45, Ibn Rushd sublinha que não é permitido nem revelar as interpretações demonstrativas para a massa nem (como o fez Al-Ghazālī) inseri-las nos livros contendo outros tipos de argumentos. O § 57 retoma, por sua vez, a tese do § 41: no que se refere aos enunciados de sentido óbvio suscetíveis de colocar um problema para todos os homens sem que todos os homens possam conhecer sua interpretação, *é preciso dizer* (isto é, responder àqueles que realizam esta busca sem estarem habilitados a ela) que se trata de enunciados equívocos cujo sentido apenas Deus conhece, de acordo com a segunda pontuação do Alcorão, III, 7, já alegada no mesmo § 41. O § 58 repete com insistência a conclusão do § 56: aquele que, em se tratando dos princípios fundamentais da Revelação, comunica uma interpretação quando não deveria fazê-lo, em outras palavras, aquele que *responde* a uma demanda da massa – que, por definição, não deve ser satisfeita –, é e deve ser tratado como um infiel, que causa ao mesmo tempo a perda da massa e sua própria perda, "neste mundo e no outro". Aqueles que o fazem, como "alguns de nossos contemporâneos", diz Ibn Rushd sem dar maiores explicações, comportam-se como alguém que demonstraria a pessoas simples que a medicina prescrita para eles por um médico hábil não é a verdade médica última (§ 59) e, tendo-os assim desiludido com relação àquilo que lhes conviria especificamente, os tornaria desse modo incapazes de preservar sua saúde e mesmo, conforme o caso, os faria duvidar de que exista algo como a saúde e a doença (§ 60). O mesmo vale para a Revelação: expor a interpretação dos enunciados revelados à massa significa desviá-la da Revelação. A analogia com a medicina aqui empregada não é uma metáfora poética, mas uma rigorosa analogia de proporção, que tem valor de certeza, pois a relação do médico (= M) com a saúde do corpo (= SC) é a mesma do Legislador (= L) com a saúde das almas (= SA): M/SC // L/SA (§ 61). A saúde das almas, a "piedade reverencial", o temor a Deus, é a isso que visa o Legislador pela instituição da ciência e da prática legais, assim como é à saúde dos corpos que o médico visa pela ciência e pela prática médicas (§ 62).

Não devemos, pois, comunicar nada à massa: nem as interpretações verdadeiras nem as interpretações viciadas (§ 63). A desobediência a esse preceito é a causa do surgimento das "seitas do Islão". A característica das seitas, quer dizer, das diferentes escolas teológicas e místicas, é de se acusarem mutuamente de infidelidade e de inovação condenável. É uma consequência inelutável de sua prática de interpretação. Naquela que é provavelmente a página mais frequentemente citada do *Faṣl al-maqāl*, o § 64 imputa assim formalmente aos muʿtazilītas e aos ashʿarītas a responsabilidade pelo "ódio", pela "execração mútua" e pelas "guerras" que "dividem os homens" tanto quanto "dilaceram a Revelação". O § 65 explica por que não poderia ser de outro modo: os métodos dos teólogos não convêm nem à massa nem à elite. À massa, porque são abstrusos; à elite porque não demonstram nada – chegando mesmo, muitas vezes, a teses *sofísticas*, contrárias às verdades *necessárias*. Entre essas verdades necessárias, especialmente negadas pelos ashʿarītas, Ibn Rushd menciona a permanência dos acidentes, a ação das coisas umas sobre as outras, a existência de causas necessárias aos efeitos, a existência de formas substanciais e de causas segundas. O que resulta de tal prática tem um só nome. Ibn Rushd não recua diante dele: *opressão*. Os teóricos ashʿarītas são "opressores para os muçulmanos". O § 66 sublinha, não sem ironia, que uma fração da seita ashʿarīta, ou seja, a fração de uma fração, não hesitou em tachar de infiéis aqueles que não reconheciam a existência do Criador *de acordo com os métodos próprios a eles*. Este espírito de seita é a essência do *sectarismo*: o desconhecimento radical da diversidade dos métodos nos quais a Revelação invoca cada homem a se inserir segundo sua própria natureza. O Legislador quis a pluralidade, pois a Revelação é plural, e é plural porque é universal. O Deus dos ashʿarītas é um Deus sectário, um Deus ashʿarīta. Um Deus que não chamaria cada homem a si de acordo com a maneira como o criou.

Se, contrariamente a seus sectários, Deus não é sectário, quais são então "os procedimentos segundo os quais a Revelação *pretende* que a massa seja ensinada"? Esta questão, que abre o § 67, tem uma única resposta: o "Livro precioso" e apenas ele! Quem observa verdadeiramente o Alcorão vê bem, com efeito, que ele próprio contém "os três gêneros de procedimentos que existem para todos os humanos": os procedimentos comuns à maioria (retóricos e dialéticos) e os procedimentos próprios à minoria (demonstrativos).

Os homens da "primeira idade do Islão" alcançavam a perfeição da virtude e a "piedade reverencial" utilizando os argumentos contidos no Texto tomados no sentido óbvio, não lhes davam nenhuma interpretação, e aqueles que eram capazes de interpretar se abstinham de toda exposição. As idades posteriores, ao contrário, foram de interpretação marcada pela diminuição da piedade e pela exasperação das divergências, idades de frações e de facções (§ 68).

INTRODUÇÃO

Para subtrair o "Livro precioso" da inovação condenável, é preciso voltar a princípios claros e simples. Os argumentos contidos no Texto revelado ensinam todos os homens. Os homens de demonstração, que são os únicos a poder *e a dever* retirar o sentido óbvio de certo número deles, são também os únicos a saber que a propriedade distintiva dos argumentos corânicos reside no fato de não requererem interpretação ao mesmo tempo que invocam certos homens a interpretá-los (§ 69). Pois o que é assim acrescentado não diz respeito ao próprio Texto, mas em primeiro lugar e exclusivamente àquele que responde ao chamado.

Como enuncia o § 70, os argumentos do Texto revelado têm três propriedades que provam seu caráter milagrosamente inimitável, sua *insuperabilidade* (*i'jāz*): (1) são os mais apropriados para engendrar a persuasão e o assentimento de *todos os homens*, pois são verídicos; (2) sua força é tal que apenas os homens de demonstração podem interpretá-los, se são interpretáveis; (3) são tão essencialmente verídicos que têm sempre em si um "sinal indicando a interpretação verdadeira" para quem está habilitado à verdade. De fato, o Texto revelado é o negativo exato do discurso teológico: que sejam ash'arītas ou mu'tazilītas, as doutrinas dos teólogos (1) não são verídicas, (2) não se sustentam por sua própria força e (3) não trazem nenhum "indício que indique a verdade".

Seria diferente com a filosofia? É a questão que coloca o § 71, que enfrenta à sua maneira o problema posto pelo título do *Faṣl al-maqāl*: a conexão entre a Revelação e a filosofia. Não basta dizer-se filósofo para ser filósofo. Filosofia e Revelação não são uma única e mesma pessoa, mas "companheiras e irmãs de leite"[36]. O mau filó-

---

[36] O tema das irmãs é também encontrado no *Igeret ha-vikuaḥ*. Em Ibn Falaqera, a filosofia é mesmo mais que uma irmã de leite: é a *irmã gêmea* da Lei. Cf. G. Dahan, "*Epistola Dialogi*...", pp. 60 e 87 (texto latino: *Legis gemella soror*). Essa ideia está longe de ser unânime entre os pensadores judeus e os juristas muçulmanos. Na sua célebre carta a David Qimḥi, Judas Alfakhar escreve que, mesmo que Maimônides tenha querido que elas se parecessem como os dois "filhotes gêmeos de uma corça", "a terra não admite" que Torá e "sabedoria grega fiquem lado a lado como duas irmãs". Cf. G. Dahan, *ibid.*, p. 56.

sofo é, portanto, um mau amigo, não apenas da sabedoria, mas da própria Revelação. Nada o distingue do teólogo sectário.

As últimas linhas do § 71 se encadeiam com a conclusão final do § 72: a despeito das dilacerações sectárias, Deus, que guia cada um "para o amor d'Ele" e liberta os homens do "ódio" por "Sua graça e Sua misericórdia" (§ 71), "colocou fim a muitos males, ignorâncias e tendências perniciosas", graças àquilo que Ibn Rushd chama "*este poder vencedor*". A homenagem explícita rendida aqui aos soberanos almôadas permite dissipar certas obscuridades anteriores. Em determinados momentos, com efeito, Ibn Rushd se exprime como se admitisse implicitamente a existência de uma *via* que não seria nem aquela, puramente retórica, da massa, nem aquela, puramente dialética, dos teólogos: um nível mais refinado que não se confundiria porém com a via demonstrativa reservada à elite. O § 72 coloca claramente a existência de tal via, que chama de *média*, e designa precisamente em que ela consiste: trata-se menos, no fundo, da natureza dos procedimentos postos em prática – retóricos ou dialéticos – do que dos conjuntos concretos em que se inserem e que ditam sua modulação. A via média não passa, pois, entre duas classes de argumentos e duas classes de espíritos, ou mesmo entre duas classes sociais: a massa e os teólogos –, mas entre duas maneiras de pôr em prática os métodos reservados à maioria: o *conformismo imitativo* e o raciocínio *erístico*. O que Ibn Rushd saúda no procedimento "*deste* poder vencedor" é o fato de ter ajudado a *massa* a caminhar em direção ao conhecimento de Deus por um caminho inédito, *acima* do "baixo nível" da *imitação*, do *taqlīd* imposto pelos doutores da Lei malikitas, mas *aquém* do nível pernicioso da erística cara aos teólogos ashʿarītas, sem, por isso, impedir a elite de filosofar – muito pelo contrário, já que *este* mesmo "poder vencedor" "assinalou-lhe a necessidade" de "enveredar radicalmente" por este caminho. A verdadeira situação concreta, em que a questão da conexão entre sabedoria e Revelação assume seu sentido, é, pois, quádrupla: aqui o conformismo jurídico, ali a erística teológica, acolá o "exame racional da Fonte da Revelação", mais adiante, enfim, articulando o sistema e instaurando os equilíbrios, o *poder político* que, e isso é o ideal, reduz o conjunto a apenas duas *vias*: a chamada "média", da massa, construída com base na superação de dois obstáculos que sustentam um ao outro, o conformismo da imitação cega e o vão particularismo da dialética, e a via dos filósofos, a via do "exame racional", reservada àqueles que a ela são aptos por natureza e por estudo. A via "média" – uma expressão corânica – é aquela de todos e de cada um, preservada, pelo "poder", de duas perversões reais, uma das quais atinge o Direito e a outra, a apologia que defende a religião. Ibn Rushd não advoga, pois, a supressão do Direito nem a da teologia – o que não teria nenhum sentido; não advoga tampouco contra a massa em favor da filosofia – o que também não teria sentido. Advoga ao mesmo tempo *a favor da massa* e *a favor da elite* – um duplo discurso de defesa tornado possível pelo fato de a massa e a elite terem os mesmos adversários, não o Direito em geral nem a teologia em geral, mas certos doutores da Lei e certos teólogos. Tal é o *parecer jurídico* dado no *Faṣl al-maqāl*: um parecer de alcance geral, porque está enraizado numa situação histórica concreta.

* * *

A análise literal do *Faṣl al-maqāl* permite-nos julgar os dois mitos historiográficos que assombram e parasitam a interpretação da obra e do próprio personagem teórico de Ibn Rushd tanto no mundo islâmico quanto fora dele. Os dois estão tão intimamente ligados que não poderíamos dizer exatamente qual deles comanda o outro. Tomaremos como ponto de partida o mais absurdo: a chamada doutrina da "dupla verdade".

Tal é a grande invectiva de Petrarca contra os averroístas venezianos, na qual Renan saúda a emergência do "primeiro homem moderno" (é ali que, de fato, se decide a própria ideia do humanismo: Cícero contra Aristóteles e seu Comentador, mas em primeiro lugar a língua latina restaurada contra os semitismos impenitentes das traduções filosóficas feitas a partir do árabe; a retórica bem temperada contra a "escolástica rude e o jargão selvagem" dos averroístas; a teologia frágil da "boa e velha devota", *annus pia*, contra a vã filosofia dos médicos de Pádua, este "*Quartier Latin* de Veneza"; a simplicidade do verdadeiro crente contra a sofística embrulhada dos amantes de arabescos). Foi essa invectiva que impôs durante séculos a associação do averroísmo com a "dupla verdade". Denunciando a criptofilosofia de seus doutos contendores (quatro discípulos de Ibn Rushd, que o qualificaram de "simplório", do alto de sua ciência árabe), Petrarca inventa o misto de arrogância, de duplicidade e de libertinagem que, segundo ele e até as Luzes, caracterizará o averroísmo[37]. O *De sui ipsius et multorum ignorantia* traça um retrato implacável dos averroístas: (a) são ateus que "desprezam tudo o que é conforme à religião católica"; (b) são ateus prudentes, que agem via oral, privadamente, e não por escrito, que blasfemam ao abrigo dos olhares ("combatem, sem testemunhas, verdade e religião, e pelos cantos, sem se mostrar, ridicularizam o Cristo, para adorar Aristóteles, que não entendem") e que, assim que se veem em sociedade, afetam simplesmente *recitar* as opiniões dos filósofos sem que sua fé esteja aí envolvida ("quando se põem numa discussão pública, não ousando vomitar suas heresias, costumam protestar que dissertam independentemente da fé e que a deixam de lado"); (c) são, pois, libertinos que se esquivam permanentemente

---

[37] Sobre o "averroísmo latino", cf. B. Nardi, "Note per una storia dell'averroismo latino", *Rivista di storia della filosofia*, 2 (1947), pp. 134-40 e 197-220; 3 (1948), pp. 120-2; 4 (1949), pp. 1-12; G. Fioravanti, "Boezio di Dacia e la storiografia sull'averroismo", *Studi medievali*, 7 (1966), pp. 283-322; R.-A. Gauthier, "Notes sur les débuts (1225-1240) do primeiro "averroísmo", *Rev. Sc. ph. th.*, 66 (1982), pp. 322-30; R. Imbach, "L'averroïsme latin du XIIIème siècle", in *Gli studi di filosofia medievale fra otto e novecento. Contributo a un bilan cio storiografico*, Atti del convegno internazionale Roma, 21-23 settembre 1989, sob a direção de R. Imbach e A. Maierù (Storia e Letteratura, 179), Roma, Edizioni di Storia e Letteratura, 1991, pp. 191-208; L. Bianchi, "Filosofi, Uomini e Bruti. Note per la storia di un'antropologia 'averroista'", *Rinascimento*, Seconda serie, vol. XXXII (1992), pp. 185-201; F. Niewöhner e L. Sturlese (ed.), *Averroismus im Mittelalter und in der Renaissance*, Zurique, Spur Verlag, 1994.

de sua concessão pública, mas forçada, à lei religiosa ("esta fé que não ousam negar abertamente, eles a negam de outro modo")[38]. Uma figura moderna do saber emerge assim em negativo: a que marca a aliança entre uma ciência estrangeira e um cinismo privado. Alguns séculos mais tarde, Leibniz, o inventor do termo "monopsiquismo", a transformará no fruto amargo do averroísmo; também uma moral em que a indiferença religiosa mascara-se de um quietismo místico e/ou mistificador[39]. As lendas têm vida longa: de Petrarca a Renan passando por Leibniz, Averróis, herói protetor dos sábios e dos ladrões, nunca deixou de representar as *núpcias bárbaras* para não dizer *barbarescas* de Hermes e da filosofia.

Já é tempo de se perguntar se esse roteiro é fundado. Tanto mais que certos partidários modernos de Ibn Rushd são às vezes tentados, para afirmar os direitos da indiferença religiosa, a transformar *em positiva* a imagem *negativa* forjada por Petrarca. Sejamos, pois, claros: a noção inconsistente de "dupla verdade" não é de Averróis. Ela surgiu no mundo latino, no calor de uma polêmica fomentada pela censura. Lembremos o essencial.

Em 1270, criticando um argumento dos partidários da unidade do intelecto – isto é, que "Deus não pode fazer com que haja multiplicidade de intelectos, pois isso implicaria contradição" –, Tomás de Aquino concebe um contra-argumento no qual aborda a impli-

---

[38] Cf., para a tradução francesa, Pétrarque, *Sur sa propre ignorance et celle de beaucoup d'autres*, trad. J. Bertrand (Textos e traduções para servir à história do pensamento moderno), Paris, Félix Alcan, 1929.

[39] Cf. G. W. Leibniz, "Sentiment de M. Leibniz sur le livre de M. de Cambray et sur l'amour de Dieu désintéressé" [1697], in *Système nouveau de la nature et de la communication des substances et autres textes 1690-1703*. Apresentação e notas de Chr. Frémont (GF 774), Paris, GF-Flammarion, 1994, p. 128: "Querer se desligar de si mesmo e de suas propriedades é brincar com as palavras, ou se quisermos ir aos efeitos [...], é querer uma inação estúpida, ou antes afetada e simulada, na qual, com o pretexto da resignação e do aniquilamento da alma mergulhada em Deus, podemos chegar à libertinagem na prática, ou pelo menos a um ateísmo especulativo oculto, tal como o de Averróis e de outros mais antigos, que queriam que nossa alma se perdesse finalmente no espírito universal e que nisso consistiria a união perfeita com Deus: sentimento do qual encontro alguns vestígios nas expressões bastante engenhosas, mas às vezes bem ambíguas e suspeitas, de certos epigramas de um autor místico chamado Johannes Angelus. Não duvido que os verdadeiros místicos e bons diretores estejam bem afastados disso."

cação lógica de tal princípio, nesse contexto preciso, do ponto de vista das "atitudes proposicionais". Esse contra-argumento epistemológico pode ser facilmente reconstituído[40].

Os partidários latinos da unidade do intelecto, ou seja, os *averroístas*, segundo a fórmula-título do opúsculo redigido por Tomás contra seu principal representante, Siger de Brabant, sustentam que "não é da natureza do intelecto ser multiplicado segundo o número"[41]. Num texto que, notemos de passagem, responde a Tomás, o *De anima intellectiva*, Siger assume o argumento mencionado no *De unitate intellectus contra averroistas*: ele afirma que a multiplicação numérica da *alma intelectiva que está em mim* é impossível em si e, portanto, também para Deus, pois mesmo "Deus não pode realizar simultaneamente contraditórios ou opostos". Tal argumento seria "averroísta"? Sem dúvida, pois é a Averróis que um outro contraditor de Tomás, o *Anônimo de Van Steenberghen*, atribui sua paternidade, *contra os teólogos*[42]. Em todo caso, é no terreno da potência divina que se realiza o ataque de Tomás: afirmar a impossibilidade, para Deus, de realizar simultaneamente contraditórios significa afirmar que aquele que sustenta a pluralidade dos intelectos *acredita em alguma coisa impossível*. Ora, e é aí que intervém a "dupla verdade", o averroísta faz, segundo Tomás, duas coisas distintas: (a) afirma o caráter necessário, demonstrativo, científico de sua prova

---

[40] Cf. Tomás de Aquino, "De unitate intellectus contra averroistas", § 118, trad. A. de Libera, in *Thomas d'Aquin. Contre Averroès* (GF 713), Paris, GF-Flammarion, 1994, pp. 194-5.

[41] Cf. Siger de Brabant, *in III De anima*, q. 9; éd. Bazán, p. 26, 23-5: "Digo que não é da natureza do intelecto ser multiplicado segundo o número. Com efeito, a *Metafísica*, livro VII, diz que é apenas pela matéria que aquilo que engendra dá origem a alguma coisa de múltiplo em número e de uno em espécie."

[42] O Anônimo, que se baseia em Averróis, *De Caelo*, I, com. 90, Veneza, f° 58L-59C, distingue claramente o ponto de vista da fé e o do Comentador, que é o único a trazer *a solução* para o problema proposto. Cf. *Anônimo de Van Steenberghen, Quaestiones De anima*, III, q. 6; Van Steenberghen, p. 312, 13-5: "Argumento dos teólogos: um agente cuja potência não sofra nem diminuição nem imperfeição pode fazer com que haja várias formas separadas numa mesma espécie; ora, tal é o caso do primeiro agente. A isso deve-se responder que é verdadeiro segundo a fé, mas que, não obstante, é o Comentador que dá a solução para isso no livro *De Caelo et Mundo* [Do céu e do mundo]. Com efeito, neste livro ele sustenta que não poder fazer o que é impossível não diminui em nada a potência do primeiro; é por isso que o Comentador diz que fazer várias formas separadas numa mesma espécie é impossível, já que isso seria fazer contraditórios."

de que o intelecto não poderia ser multiplicado, já que esta prova se funda num princípio filosófico irrefutável: a impossibilidade de uma realização simultânea de contraditórios; mas (b) afirmando que sua tese, p, é verdadeira e demonstrada, afirma simultaneamente que a tese oposta, ~p, é falsa e impossível. Ora, ~p sendo a tese conforme à fé, o averroísta não pode nem sustentar p contra ~p sem declarar a falsidade da fé nem sustentar ~p contra p sem renunciar à sua própria tese. Resta-lhe apenas uma solução: sustentar simultaneamente p e ~p, o que é por si só impossível, em nome do princípio de contradição. É, contudo, o que ele faz, afirma Tomás, por meio de uma grosseira falácia cujo princípio é dado no § 119 do *De unitate intellectus*: distinguir a proposição *p é o caso* da proposição *eu acredito que p é o caso*. O averroísta é aquele que *concilia* o ponto de vista da filosofia e o da religião sustentando simultaneamente: *eu penso que p é o caso* e *eu acredito que ~p é o caso*:

> *Pela razão eu concluo necessariamente que o intelecto é numericamente uno, mas sustento firmemente o contrário pela fé.*

Essa distinção, na qual reconhecemos a formulação originária da doutrina da dupla verdade, não salva o averroísmo: coloca-o antes numa armadilha lógica, da qual não pode sair após nela ter entrado. De fato, como Tomás facilmente mostra, a fórmula salvadora confunde aquele que a utiliza. Se ele a põe:

> *É que ele* pensa *que a fé diz respeito a afirmações sobre as quais se pode concluir o contrário necessariamente; ora, já que necessariamente só se pode concluir o verdadeiro necessário, cujo oposto é o falso impossível, segue-se, segundo suas próprias palavras, que* a fé diz respeito ao falso impossível.

O averroísta é, pois, um negador da verdade da fé, que se oculta atrás de uma concessão de fachada, em si inconsistente[43]. A "fórmula

---

[43] Para dizer a verdade, há no *Faṣl al-maqāl* material suficiente para se construir uma fórmula comparável à que Tomás de Aquino propõe no § 119 do *De unitate*, isto é: *Pela razão concluo*

do averroísmo" não figura em Siger de Brabant. Encontramo-la, posteriormente, no *Anônimo de Van Steenberghen*, que afirma corajosamente que "a tese da fé é *impossível* segundo Aristóteles e todos os filósofos"[44], sem, entretanto, afirmar que sustenta *pela fé* o que acredita impossível segundo a filosofia. No *Prólogo* do *Syllabus* de 1277, em que são condenadas 219 teses dos "filósofos", Étienne Tempier dá o último passo: introduz a fórmula das *duas verdades contrárias*, que os séculos seguintes radicalizarão na *afirmação da existência de duas verdades contrárias*, para transformá-la na definição do "averroísmo".

> *Eles dizem que certas coisas são verdadeiras segundo a filosofia, e que não o são segundo a fé católica*, como se houvesse

---

necessariamente que p, mas sustento firmemente que ~p pela fé. Nos §§ 34-6 Ibn Rushd admite com efeito que possa haver contradição real entre uma tese filosófica, concluí necessariamente, e a Verdade. Mas essa contradição não cabe entre duas verdades: ela opõe um erro, ao qual a razão não pode se subtrair, e uma Verdade, que permanece o único recurso. O filósofo pode se enganar sem querer, e não está livre de não se enganar, desde que se engane fazendo todo o necessário para não se enganar (= seguindo as regras da arte demonstrativa). É porque a *falsidade* pode, em certos casos, caminhar junto com o *rigor*, que o filósofo não é condenável *quando se engana enquanto filósofo*. O que Ibn Rushd afirma nos §§ 34-6 não é, pois, nem a possibilidade nem, *a fortiori*, a existência de duas verdades contrárias, mas a possibilidade de um erro *não sofístico* da razão. Para ir mais longe, seria preciso afirmar, como fará Kant, a existência de dois tipos de aparência: (a) a lógica, que consiste na simples imitação da forma racional (a dos paralogismos), é simplesmente o resultado de uma falta de atenção à regra lógica e desaparece assim que essa regra é justamente aplicada, de um lado, e (b) de outro, uma aparência que não deixa de existir, mesmo depois que a descobrimos, uma *ilusão* que nos é impossível evitar e que nos faz tomar a necessidade subjetiva de uma ligação entre nossos conceitos por uma necessidade da determinação das coisas em si. Ibn Rushd reconhece a existência de (a) formulando (b) somente sob a forma da *impossibilidade para a razão de não assentir a alguma coisa estabelecida por uma demonstração*. Assim, no nível *legal* em que se situa (que não é o de um *crítico da razão pura*) e no universo epistêmico que é filosoficamente o seu (o de Aristóteles, não o de Kant), Ibn Rushd sustenta o que poderíamos chamar de uma *versão fraca* da tese kantiana sobre a *aparência*, e não uma versão qualquer, forte ou fraca, da tese "averroísta" sobre a *verdade*. Se a tese de Ibn Rushd *pudesse ser radicalizada e formulada em termos kantianos*, ela diria que o filósofo que cede a (a) não é filósofo, que procede enquanto ignorante (que confunde a si mesmo) ou enquanto sofista (que se empenha em enganar as pessoas razoáveis), enquanto aquele que cede a (b) só faz se enganar (fatualmente) raciocinando (justamente), mas cede a uma ilusão natural e inevitável, que Kant nomeia uma *aparência transcendental* (cf. *Critique de la raison pure*, *Logique transcendantale* [Crítica da razão pura. Lógica transcendental], II, I, trad. A. Tremesaygues e B. Pacaud, Paris, PUF, 1965, pp. 253-4). Não podemos, por razões óbvias, chegar a esse ponto e fazer de Ibn Rushd um kantiano. O que não é uma razão para fazer dele um "averroísta".

[44] Cf. *Anonyme de Van Steenberghen*, *Quaestiones De anima*, III, q. 6; Van Steenberghen, p. 312, 18-20.

duas verdades contrárias, *como se a verdade das Sagradas Escrituras pudesse ser contradita pela verdade dos textos destes pagãos que Deus danou*.

Mesmo que na sua luta apaixonada contra os "averroístas" parisienses, Ramon Lull (primeiro de uma longa série que, da Idade Média, leva a Renan) faça da fórmula de Tomás a característica central do averroísmo (*credo fidem esse veram, sed intelligo quod non est vera*), ainda podemos nos perguntar (a) se o argumento de Tomás atinge o próprio Ibn Rushd e (b) se a "doutrina da dupla verdade", forjada pela censura latina, fornece um quadro de interpretação válido para o *Faṣl al-maqāl*, em outras palavras: para uma obra que a Idade Média latina não conheceu.

Nossa resposta é *negativa*. Nenhuma passagem do *Faṣl al-maqāl* afirma a impossibilidade filosófica daquilo que é verdadeiro segundo a fé. Nenhuma afirma a existência de duas verdades contrárias. De fato, o universo epistemológico do *Faṣl al-maqāl* é incomensurável em comparação com as polêmicas em torno do "averroísmo latino": (1) porque a originalidade própria e irredutível do *Faṣl al-maqāl* consiste em *distinguir o ponto de vista da crença e o dos teólogos* (enquanto os latinos identificam automaticamente os dois); (2) porque o *Faṣl al-maqāl* não confronta verdades contrárias, mas distingue interpretações do "Livro de Deus"; (3) porque o objetivo imediato do *Faṣl al-maqāl* é de determinar cientificamente quais são os enunciados do Texto revelado cuja interpretação é legalmente *obrigatória* para o filósofo e legalmente proibida para os outros crentes; (4) porque em nenhum momento o filósofo, ou, mais exatamente, aquele a quem o próprio texto incita a "mergulhar radicalmente no exame racional da Fonte da Revelação", está na situação descrita por Tomás no § 118 do *De unitate* como sendo aquela dos averroístas latinos: "exprimir-se de maneira irreverenciosa a respeito da fé" (a) "*afetando* perguntar-se se" tal ou qual doutrina *filosófica* "é contrária à fé" (sabendo pertinentemente que sim); (b) "*apresentando-se* a si mesmo como se fosse estranho à sua própria religião".

Dizer que, no *Faṣl al-maqāl*, Ibn Rushd sustenta a existência de duas verdades contrárias é, pois, não apenas falso, mas epistemicamente impossível. Ele deixa tão pouco o filósofo muçulmano se eximir de sua própria crença (1) que se interroga sobre a qualificação legal do erro do filósofo (sublinhando que a razão não tem o poder de se subtrair à necessidade de suas conclusões); (2) que se coloca, do começo ao fim da obra, do ponto de vista de uma Verdade única que é a própria Revelação (sublinhando que há várias vias para aceder a ela). É preciso se decidir de uma vez por todas: Averróis não é "averroísta" no sentido latino do termo.

Nada mostra isso mais claramente do que a interpretação do Alcorão, III, 7, proposta no *Faṣl al-maqāl*. Por quatro vezes, nos §§ 23, 28, 41 e 57, Ibn Rushd invoca esta passagem. O começo do texto, que se refere à interpretação do que o próprio Ibn Rushd chama de *versículos equívocos*, é utilizado para denunciar os que se apegam à equivocidade para engendrar o equívoco – os teólogos dialéticos, ou principalmente os sofistas amantes da erística.

> *Foi Ele que fez descer sobre ti o Livro. Nele encontramos versículos unívocos (*muḥkamāt*), que são a Mãe do Livro, e outros equívocos (*mutashābihāt*). Aqueles cujos corações se inclinam para o erro se apegam àquilo que é equívoco, pois buscam a discórdia, e são ávidos de interpretações.*

A sequência do texto pode ser pontuada de duas formas (= P1 e P2):

> P1: *Mas ninguém conhece-lhes a interpretação*, senão Deus e os homens de uma ciência profunda. *Eles dizem: cremos n'Ele, tudo vem de nosso Senhor! Mas apenas os homens dotados de inteligência se lembram disso.*
>
> P2: *Mas ninguém conhece-lhes a interpretação*, senão Deus. *Os homens de uma ciência profunda dizem: cremos n'Ele, tudo vem de nosso Senhor! Mas apenas os homens dotados de inteligência se lembram disso.*

INTRODUÇÃO

Ibn Rushd joga com as duas possibilidades: no § 23, P1 é usada para fundar a *proibição* (aos adversários de todo exame racional) de proibir (para os homens de demonstração) a interpretação certa da Fonte da Revelação; no § 41, P2 é usada para fundar a *proibição* (para todos aqueles que não são homens de demonstração) de proceder a interpretações. Essa estratégia não inventa nada – a dupla pontuação é tradicional[45]; em contrapartida, ela instrumenta e sublinha ao mesmo tempo o verdadeiro ponto nodal do *Faṣl al-maqāl* e o terreno em que se dá a discussão fundamental: a justificação da interpretação filosófica do Alcorão.

Isso nos leva ao segundo mito historiográfico: a apresentação do *Faṣl al-maqāl* como um tratado visando "reconciliar" a filosofia e a religião. De fato, se se persegue no texto de Ibn Rushd todo e qualquer signo de adesão à doutrina da dupla verdade, é por se estar equivocado sobre o verdadeiro objetivo do tratado. Podemos definir o princípio desse erro supondo que, para a maioria dos leitores, *o esquema latino das duas verdades contrárias reflui sobre a interpretação do título da obra*. Adota-se, deste modo, uma grade de leitura que transforma o *Faṣl al-maqāl* em matriz de harmonização da verdade da fé com a verdade filosófica – tarefa absurda, do ponto de vista de Ibn Rushd, e que toda economia do livro visa, ao contrário, denunciar. O que o *Faṣl al-maqāl* busca não é conciliar ou reconciliar – pois para isso seria necessário que a "sabedoria" e a "Revelação" da qual fala o título tivessem que ser reconciliadas. Ora, tal pressuposto é contraditório com as doutrinas do *Faṣl al-maqāl*,

---

[45] Podemos notar que a exegese cristã da Bíblia também recorre às diferenças de pontuação. É o caso, por excelência, da interpretação do Evangelho segundo João, 1, 3-4. A Vulgata latina dá o seguinte recorte: *Omnia per ipsum facta sunt, et sine ipso factum est nihil quod factum est. In ipso vita erat* (= Tudo foi por ele e sem ele nada teria sido daquilo que existe. Nele estava a vida). Mas muitos intérpretes medievais leem ou glosam: *Omnia per ipsum facta sunt, et sine ipso factum est nihil. Quod factum est in ipso vita erat* (= Tudo foi por ele e sem ele nada foi. De todo ser ele era a vida), que é a lição da Bíblia de Jerusalém, aceita hoje. Em certos autores, as duas pontuações são admitidas como dando lugar a duas "visões" ou "contemplações" (*theoriae*) distintas, mas complementares. Sobre tudo isso, Cf. A. de Libera, "Sur l'exégèse de Jn, 1, 3-4", *in Maître Eckhart. Commentaire du Prologue à l'Évangile de Jean*, introdução, tradução e notas de A. de Libera *et al.* (L'Oeuvre latine de Maître Eckhart, 6), Paris, Cerf, 1989, pp. 381-94.

e é precisamente na sua desconstrução que todo o tratado trabalha. O princípio neoplatônico da leitura harmonizante, ilustrado no mundo muçulmano por Al-Fārābī, não está ausente do *Faṣl al--maqāl*. Ibn Rushd o conhece bem e conhece também sua origem e sua função na filosofia oriental, herdeira do neoplatonismo da Antiguidade tardia: harmonizar as duas grandes filosofias, a de Aristóteles e a de Platão. Ele conhece também o pressuposto que o anima, e que faz do estudo da lógica e da filosofia natural de Aristóteles uma propedêutica aos "grandes mistérios" teológicos dos *Diálogos* platônicos. Mas, se conhece bem tudo isso, não o aceita em filosofia – na qual todo o seu esforço consiste em *desplatonizar Aristóteles* – nem o aplica, no *Faṣl al-maqāl*, à relação entre a "sabedoria" e a "Revelação". Quando aborda o tema da harmonização, e ele o faz no § 32, é a respeito do peripatetismo e do platonismo, e o faz não para conciliar suas teses, mas para sublinhar a ausência de um *consenso filosófico*, depois, tendo marcado o limite das divergências, para mostrar que, no debate dos teólogos ashʿarītas com os filósofos pagãos, os ashʿarītas não poderiam taxar de infidelidade a tese peripatética com o pretexto de que é filosófica, já que eles próprios concordam com outros filósofos, os platônicos, e se pronunciam assim não no interior de um debate entre sabedoria e Revelação, mas no interior de um debate entre duas filosofias.

Em outras palavras, os dois mais difundidos esquemas de interpretação do *Faṣl al-maqāl*, que procedem um, da historiografia da filosofia "greco-árabe" (a *harmonização* de Aristóteles e Platão), o outro, da historiografia da filosofia medieval latina (a *dupla* verdade), são inadequados – e pela mesma razão: todos os dois pressupõem uma contradição essencial entre a sabedoria e a Revelação. Ora, esta contradição é explicitamente negada por Ibn Rushd, e é justamente porque ela não existe, pelo menos para seu autor, que o *Faṣl al-maqāl* tem sua razão de ser. Repitamo-lo, pois, o objetivo do *Faṣl al-maqāl* não é de "harmonizar" a religião com a filosofia (nem mesmo a filosofia com a religião), mas de "legalizar" a filosofia, determinando a relação, a conexão das duas *em fundamentos legais*. Conexão não quer dizer o mesmo que conciliação. Poderá objetar-se que tudo aqui gira em torno de uma tradução e que nenhuma é infalível. Respondemos que todos os desenvolvimentos do *Faṣl al-maqāl* se pronunciam em favor de uma e excluem a outra. A coisa só aparece, contudo, quando se define bem a natureza do livro. Se, como acreditamos, o *Faṣl al-maqāl* é um tratado jurídico destinado, como anuncia o próprio § 1, a mostrar que a atividade filosófica faz parte dos atos legalmente obrigatórios para aqueles que estão aptos a dedicar-se a ela, qual poderia ser a coerência do opúsculo se "sabedoria" e "religião" devessem ser *conciliadas?* O objetivo de Ibn Rushd não é nem de "racionalizar a religião", nem de "santificar a filosofia"[46], nem de reduzir a verdade religiosa a uma posição subalterna com relação à verdade filosófica[47], nem de assimilar o filósofo ao profeta[48], nem, em suma, de confrontar a *razão* e a *fé*, como todo bom "escolástico". O *Faṣl al-maqāl* é estranho àquilo que Durkheim chamou de o "drama da escolástica": ele não introduz a razão no dogma, ao mesmo tempo que se recusa a negar o dogma; não está dilacerado entre o respeito pela tradição e a atração pelo livre exame, entre o desejo de permanecer fiel e a necessidade crescente de compreender[49]. O *Faṣl al-maqāl* não é um livro de filosofia dirigido a um público indeterminado, pois ele próprio coloca a necessidade de uma *reserva* filosófica que chega ao mutismo social; é um livro dirigido ao poder político por um sábio muçulmano, um livro de combate dirigido contra os juristas malikitas ultraconservadores, um livro de juristas que constantemente lança mão do raciocínio analógico (em particular o raciocínio *a fortiori*) paralelamente ao raciocínio demonstrativo. Tentamos restituir o

---

[46] Segundo a fórmula de M. Campanini, "Introduzione", in *Averroès, Il trattato decisivo...*, p. 15.

[47] Como sustenta L. Gauthier, *La Théorie d'Ibn Rochd (Averroès)...*, pp. 147-8, e 1948, pp. 37-8 e 41.

[48] Como faz H. Hanafî, *Ibn Rushd shāriḥan Aristū*, Beirute, 1982, citado por M. Campanini, "Introduzione", p. 162.

[49] Sobre essas expressões, cf. A. de Libera, *Penser au Moyen Âge*, p. 352.

refinamento e o rigor da argumentação do *Faṣl al-maqāl* parafraseando logicamente cada uma de suas etapas importantes, na esperança de mostrar ao leitor que o procedimento jurídico de Ibn Rushd é uma verdadeira máquina de guerra, a rigor implacável, numa palavra "decisiva", que não pode ser compreendido se o separarmos da reforma almôada empreendida no duplo fronte do direito (contra a escola malikita) e da teologia (contra o sectarismo teológico, o pulular das seitas e o fracionamento da sociedade que ele provoca). O *Faṣl al-maqāl* intervém nos dois terrenos, mas de modo distinto: o conjunto do tratado, seu movimento argumentativo como um todo (e o diagnóstico que ele apresenta com o soberano), é dirigido contra os *fuqahā'* ultraortodoxos; seu detalhe trata, na maioria das vezes, das zonas de atrito entre filósofos e teólogos ashʻarītas. É apenas no *Desvelamento* (*al-Kashf*) que Ibn Rushd aborda de frente e em seu fundamento a questão teológica – como ele próprio anuncia, aliás, no § 71, quando diz que, "se Deus lhe emprestar vida, ele escreverá" sobre as doutrinas das escolas teológicas, "o que estiver ao seu alcance". Essa intervenção em dois tempos responde assim às duas metades da herança almôada inicial, a luta contra o sectarismo tanto jurídico quanto teológico. Isso não basta talvez para fazer de Ibn Rushd um "intelectual orgânico" a serviço da reforma almôada, segundo a fórmula de Gramsci empregada por Campanini[50]; isso basta, em todo caso, para afastar toda especulação sobre sua atitude e suas crenças "privadas" – de agora em diante, há tantas razões para se perguntar se Ibn Rushd é um muçulmano sincero quantas para se perguntar se Guilherme de Occam é um católico sincero – e isso basta, sobretudo, para não se perder a dimensão autenticamente política de um tratado que não é, entretanto, de *filosofia* política.

* * *

---

[50] Cf. M. Campanini, "Introduzione", *loc. cit.*, p. 9.

Apesar de não ser um livro de filosofia, o *Faṣl al-maqāl* insere-se numa longa série de textos "políticos", inaugurada no Oriente muçulmano por Al-Fārābī. Já tendo estudado em outra ocasião as grandes etapas dessa história, basta-me lembrar aqui suas conclusões. Al-Fārābī é um oriental que vive em Bagdá e em Damasco nos anos 870-950 da era cristã; pertence ao mundo abássida, que na época acaba de sair de sua idade de ouro política e cultural[51]. Seu problema teórico, de feições platônicas, inscreve-se no duplo horizonte sincrético que caracteriza a filosofia do Islão do Oriente – harmonizar a religião e a filosofia e harmonizar as "duas" filosofias entre elas, a de Aristóteles e a de Platão: como transpor a teoria platônica do rei-filósofo na sociedade muçulmana? Sua resposta, exposta no *Tratado das opiniões às quais aderem os habitantes da cidade ideal (Mabādi 'arā'ahl al-madīnat al-fādila)*[52], consiste em fazer do "imã filósofo" o chefe político que realiza, em sua pessoa, a unidade da religião e da filosofia, quer dizer, da prática religiosa muçulmana e da vida *filosófica tal como a entende Aristóteles*: a "vida contemplativa" (*bios theôrêtikos*) consagrada ao conhecimento perfeito, a *theôria*. Uma cidade justa tem um chefe justo: a sociedade ideal é aquela em que o chefe de Estado, o imã, é também "filósofo no sentido absoluto". Este elogio do bom governante é uma justificativa metafísica do califado. Emerge em tempos de crise política: na época de Al-Fārābī, o império abássida começa a se desintegrar, a ofensiva bizantina aumenta irresistivelmente, as seitas proliferam. A ideia de um poder central forte, unificando o político e o religioso, senão pela filosofia, ao menos na pessoa de um filósofo, que seria o primeiro dos crentes, esse é o modelo com o qual se con-

---

[51] Cf., para um estudo de conjunto, M. Galston, "The Theoretical and Practical Dimensions of Happiness as Portrayed in the Political Treatises of Al-Farabi", in Ch. E. Butterworth (ed.), *The Political Aspects of Islamic Philosophy*..., 1992, pp. 95-151.
[52] Cf., para uma tradução francesa, Al-Fārābī, *Traité des opinions des habitants de la Cité idéale*, introd., trad. e notas de T. Sabri (Études musulmanes, 31), Paris, Vrin, 1990. O leitor que possa ler em italiano consultará com muito mais proveito M. Campanini, *Al-Farabi. La città virtuosa* (I classici della BUR), Biblioteca Universale Rizzoli, 1996 [com uma "Bibliografia", pp. 49-54].

fronta o Islão ocidental – especialmente os dois predecessores de Ibn Rushd, Ibn Bājja e Ibn Ṭufayl.

Ibn Bājja vive num mundo diferente do de Ibn Rushd: o da primeira dinastia africano-berbere, os almorávidas, que, após a tomada de Toledo pelos cristãos, em 1085, assegurou a reunificação dos restos da Espanha muçulmana. Esse período de *intolerância religiosa* (1086-1147) é propício a certo tipo de reflexão política. "Filósofo isento de toda fé religiosa", segundo os cronistas, Ibn Bājja enfrentou, a seu modo, o desafio[53]. Ante uma sociedade politicamente hostil à filosofia, na qual a esperança de um chefe "ideal" não pode ser cultivada, ele possui a intuição de que a vida filosófica tem como característica não poder se realizar nem no topo nem na base. Esta situação paradoxal dita-lhe seu diagnóstico, com o qual se inicia o momento *andaluz* do pensamento político muçulmano, do qual Ibn Rushd participa. Trata-se nada mais nada menos de aplicar as ideias de Al-Fārābī a um indivíduo que não está, em suma, nem no alto nem embaixo. A conduta de tal indivíduo consiste em levar a vida que *seria* a do habitante da cidade virtuosa, agindo *como se ele já vivesse numa cidade ideal*, enquanto a cidade real o contraria em tudo. Esse gênero de vida *individual*, fundado na antecipação da justiça, é uma maneira de inscrever politicamente a figura do sábio sob um rótulo novo: o de *solitário*. O grande tratado de filosofia política de Ibn Bājja é, pois, intitulado *Regime do solitário* – a palavra "regime" designando todos os aspectos, dietéticos, morais, psicológicos, éticos da "conduta de si". As etapas da vida solitária são as da ascese intelectual descrita por Al-Fārābī para definir o imã filósofo, mas o filósofo de Ibn Bājja não é o filósofo imã e profeta de Al-Fārābī, distinto dos outros homens por um conjunto de *dons*; é um homem que trabalha sobre ele mesmo, metafisicamente separado do mundo empírico pela contemplação intelectual e socialmente separado dos outros homens pela solidão em que se

---

[53] Cf. S. Harvey, "The place of the philosopher in the city according to Ibn Bājjah", in Ch. E. Butterworth (ed.), *The Political Aspects...*, pp. 199-233.

enclausura. O solitário de Ibn Bājja consagra-se ao que os latinos chamarão de "o bem monástico", este cuidado consigo mesmo do qual o monge é, para um cristão da Idade Média, o arquétipo[54]. A diferença entre o solitário e o monge é que o solitário está *no mundo* e que se comporta como *cidadão ideal* de uma *cidade real*. Não existe, pois, uma *utopia política coletiva* em Ibn Bājja, mas uma *atopia individual ética*. Mesmo que a noção de "regime", ancestral medieval de "governo", articule as três redes conceituais cuja reunião distingue, precisamente, a noção medieval e a noção moderna do governo: a "conduta de si", a "administração doméstica" e a "direção do Estado", a última palavra do regime de Bājja fica com a moral, contra a economia e a política. O homem só, sem posses nem papel de poder, o filósofo do *como se*, ocupa um lugar não marcado na ordem sociopolítico-religiosa: nem doutor da lei, nem teólogo, nem soberano, nem dirigente, nem dirigido. Poderíamos dizer que esta definição do lugar do intelectual pela abstenção com relação àquilo que é inaugura um movimento cujo ápice é a modernidade. Talvez. É preciso, em todo caso, sublinhar o que se opera na apologia bājjiana da solidão. Até ali, a muçulmana – como a sociedade bizantina – representava a filosofia como uma "ciência estrangeira". Com Ibn Bājja o *sábio* se põe a ele mesmo como estrangeiro perante a sociedade: é um homem que se escolhe *livre* escolhendo-se so-

---

[54] Nos *Magistri artium* latinos do século XIII, a noção de "governo" ou, como dizem, de "regime" (*regimen*) se divide em três ciências: a política, que é a ciência do "governo de um povo, de um país ou de uma cidade"; a econômica, que é "a ciência de governar e administrar sua própria família", a monástica, que é "a ciência relativa ao governo de um só, quer dizer, de si mesmo". A etimologia da monástica, mais ou menos motivada, acentua a dimensão individual da ética como conduta de si: "O bem monástico, dizem, é nomeado de acordo com *monos*, que significa 'um', e *custos*, no sentido de 'ciência da guarda de um só' (*de custodia unius*)." Não devemos, pois, nos espantar de ver tal ou qual autor explicar que o "monge, *monachus*, deve ser dito ter como bem um bem monástico, já que ele só se preocupa com sua alma", e acrescentar: "Além disso, *monachus* é composto a partir de *monos*, que significa 'um', e *ycos*, que significa 'custos*' (guardião), no sentido de 'guardião de um só', a saber: de sua alma." Para os latinos, o monge é o protótipo do *sujeito moral entendido como sujeito monástico*. Para alguns textos representativos da moral dos *Magistri artium*, cf. Cl. Lafleur, *Quatre Introductions à la philosophie au XIIIème siècle* (Université de Montréal, Publications de L'Institut d'études médiévales, XXIII), Montreal-Paris, Institut d'études médiévales – J. Vrin, 1988.

zinho. Primeiro passo na direção de um pessimismo social que vai continuar crescendo.

O *sentimento de atopia* no qual está banhado o *Regime do solitário* é plenamente exposto no romance filosófico de Ibn Ṭufayl, cujo título e personagem central são emprestados de um texto de Avicena: *Ḥayy Ibn Yaqẓān*, quer dizer, *Vivo, filho de vigilante*. Essa narração iniciática merece duplamente o título de *robinsonada filosófica*, forjado por Karl Marx: primeiro pelo seu conteúdo, segundo por sua posterioridade – é uma das fontes da obra de Daniel De Foe. Com relação ao assunto de que tratamos, é em primeiro lugar a história de um fracasso[55]. Ḥayy é um solitário que procura sair de sua solidão. Abandonado numa ilha deserta, cresceu sozinho, descobriu a filosofia pela razão natural, a observação e a experiência. Poderia viver feliz, mas quer transmitir sua sabedoria aos habitantes, muçulmanos, da ilha vizinha. O resultado não surpreende: ele tem que fugir, para evitar a morte, e voltar para sua solidão com um companheiro. O diagnóstico é claro: o filósofo não deve se dirigir à sociedade. Deve evitá-la. O problema é que, na realidade, esse evitamento é impossível. O espaço político-religioso não tem exterior. Há, pois, apenas uma solução: calar-se e filosofar em segredo. Com relação ao "regime do solitário", há uma mudança, talvez um progresso: passa-se do discurso em favor do eremitismo para uma espécie de esoterismo social. O filósofo não está no poder, como o imã de Al-Fārābī, mas também não está solitário no sentido de Ibn Bājja. Vive em comunidade, uma comunidade invisível, secreta, muda. Ao mesmo tempo, o problema do estatuto social da filosofia é posto. Uma via é traçada, que da separação individual leva ao retiro comunitário, uma via que leva ao silêncio, pois, evidentemente, o silêncio do filósofo é o único fiador de sua liberdade.

É a partir dessa via, sem dúvida, que podemos ser tentados a ler, num primeiro nível, o *Faṣl al-maqāl*. Como obra "política", o *Dis-*

---

[55] Cf. H. Fradkin, "The Political Thought of Ibn Ṭufayl", Ch. E. Butterworth (ed.), *The Political Aspects...*, pp. 234-61.

curso de Ibn Rushd tem, com efeito, um duplo caráter: é uma reivindicação de um estatuto social da filosofia garantido pelo poder político contra o poder dos teólogos e dos juristas; mas, ao mesmo tempo, é um discurso em favor de uma separação não menos radical entre a filosofia e a sociedade.

O sentido da crítica aos teólogos ashʻarītas é claro. Inúteis e incertos, os *mutakallimūn* arruínam, com sua dialética, a simples crença, mas incapazes de substituí-la pela certeza da ciência caem num alegorismo incontrolado, gerador de todos os males da sociedade: intolerância, guerra, fanatismo. O aspecto político da taxinomia social, psicológica e epistemológica das três "classes" (de pessoas, de espíritos, de argumentos) o é também, pelo menos de um ponto de vista geral. Não se trata mais aqui, como em Ibn Bājja, de monástica e de "regime" (aliás, Ibn Rushd sublinha espontaneamente que o eremita não é "nem bom nem ruim", rejeitando, ao mesmo tempo, como não ética, porque não política, toda alternativa monacal), mas de governo no sentido de "direção de Estado". Enquanto *responsum* jurídico, o *Faṣl al-maqāl* é, num sentido, um discurso político dirigido ao soberano. Mas o "chefe justo", segundo Ibn Rushd, não é o imã-filósofo-profeta de Al-Fārābī. Ibn Rushd não espera do soberano almôada que este aja como rei-filósofo para *transformar a sociedade*: define para ele seus deveres perante o mundo tal como é. Ora, tal como Ibn Rushd os interpreta, os deveres do soberano são duplos: ele deve proibir a leitura dos livros de ciência aos teólogos, que não são aptos para entendê-los; mas deve também velar para que os homens de ciência não divulguem o resultado de seus trabalhos para a massa. Essa regulação *preventiva* é uma espécie de profilaxia social destinada a regular a comunicação: a religião é socialmente útil, a teologia dialética socialmente perigosa, a sabedoria só tem um espaço próprio com a dupla condição de não se tornar socialmente perigosa e de não se pretender socialmente útil. O lugar do sábio é, pois, à sombra de um poder político encarregado de garantir ao mesmo tempo a possibilidade do fideísmo para as massas e do racionalismo para a elite. Os dois conjuntos só podem subsistir com a condição de permanecerem separados – uma separação que é, por si só, um fator de ordem. Terrível conclusão, que a realidade histórica do Islão ocidental em breve confirmará: a filosofia tal como a entende Ibn Rushd desaparecerá depois dele, seguida de perto pelo império almôada. "Averróis" terá discípulos entre os judeus até o final do século XV e entre os cristãos até o final do século XVI. Mas não os terá durante muito tempo entre os muçulmanos.

Erraríamos, entretanto, se reduzíssemos o *Faṣl al-maqāl* a uma crítica da teologia. O *Discurso* de Ibn Rushd é um texto jurídico. É no terreno do Direito que devemos avaliar tanto seu significado quanto seu fracasso, pois é nesse terreno que ele adquire sua verdadeira dimensão política. Constatar o fracasso do *Faṣl al-maqāl* não significa constatar a vitória final dos teólogos contra os "filósofos"; significa tomar consciência da derrocada da reforma almôada em seu duplo desígnio, teológico, decerto, mas também e sobretudo jurídico. O que derrota o "averroísmo" depois de Ibn Rushd não é a apologia defensiva da religião, mas o conformismo imitativo dos juristas. Das duas críticas desenvolvidas por Ibn Rushd no *Discurso decisivo*, é a dirigida contra os *fuqahā'* ultraconservadores que, não sendo mais sustentada pelo político, perde o fôlego e arrasta *socialmente* em sua queda a versão rushdiana da *conexão* entre a "sabedoria" e a Revelação.

* * *

A influência do *Faṣl al-maqāl* na Idade Média é diversa e contrastante. No mundo muçulmano, o *Discurso* não exerce nenhuma influência imediata. No mundo latino, o personagem teórico de "Averróis", forjado a partir de outras fontes, se superpõe ao *Faṣl al-maqāl*, inacessível em tradução e, de qualquer modo, impossível de ser exportado para um universo em que as relações entre o direito, a teologia e a filosofia são social, política e conceitualmente distribuídas de um modo que não pode ser comparado com aquele que a obra de Ibn Rushd enfrenta[56]. Resta o terceiro monoteísmo: neste, os dados são diferentes. É no pensamento judaico medieval que se encontra a primeira verdadeira posteridade do *Faṣl al-maqāl*. Se o *Guia dos perplexos* apresenta algumas afinidades marcantes com as doutrinas de Ibn Rushd – da crítica do *kalām*[57] à apologia de certo esoterismo social[58] –, Maimônides (1135/1138-1204) não foi influenciado pelo *Faṣl al-maqāl*. Os principais continuadores de Ibn Rushd no mundo judaico são Shemtov ibn Falaqera (*c.* 1223/1225-*c.* 1291), que prega um acordo Maimônides-Averróis, de um lado, e os "averroístas" propriamente ditos, Isaac Albalag (*floresceu c.* 1270), Moisés de Narbona (1300-62) e Eliya Delmédigo (*c.* 1460-97). A figura de Moshe Narboni é hoje bem conhecida[59], a de Eliya também[60]. A de Shemtov ibn Falaqera, mais discreta, constituiu o objeto de uma monografia de G. Dahan, que estudou e editou a *Epistola Dialogi*, tradução latina do *Igeret ha-vikuaḥ* – adaptação literária

---

[56] Sobre este ponto, cf. as observações esclarecedoras de G. Dahan, "Foi, raison, politique...", art. cit., pp. 142-3. Cf., além disso, L. Strauss, *La Persécution et l'art d'écrire*, Paris, 1989, pp. 35-53.

[57] O *Guia dos perplexos* propõe, de passagem, uma espécie de pequena história do *kalām*, colocado como uma entidade transcultural onde se encontram os gregos, os sírios (cristãos) e os muçulmanos. O espírito da crítica assemelha-se ao *Faṣl al-maqāl*. Cf. *Guia dos perplexos*, I, 71, trad. S. Munk, Paris, 1866, reeditado por Éd. Verdier, 1970, pp. 175-7. Sobre tudo isso, cf. A. de Libera, *Penser au Moyen Âge*, pp. 125-9 e 369-70 (nota 13).

[58] Observa-se frequentemente que, ao contrário do de Ibn Rushd, o esoterismo social de Maimônides não é total, já que, segundo ele, o principal resultado da metafísica, a demonstração da unicidade e da incorporeidade de Deus, deve ser imperativamente "ensinado às crianças e às massas". Deve-se, no entanto, lembrar que, para Maimônides, essa tarefa cabe diretamente à "tradição", e não à filosofia. Se o filósofo tem certo papel na comunidade, este não é, portanto, visceralmente diferente daquele sugerido em certas passagens do *Faṣl al-maqāl*. Quando Maimônides sustenta que, *se* o homem comum se recusar a admitir a incorporeidade de Deus, *devemos* dizer-lhe que "a interpretação do texto cabendo aos homens de ciência, cabe a ele saber simplesmente que Deus não é um corpo e que ele é impassível", ele não está tão distante quanto dizem das teses sustentadas nos §§ 41, 45 ou 56-7 do *Faṣl al-maqāl*.

[59] Cf. M.-R. Hayoun, *Moshé Narboni*, Tübingen, Mohr, 1986.

[60] É bem conhecido, em particular, o *Beḥinat ha-dat*, em que o grande filósofo judeu de Pádua retoma sistematicamente o *Faṣl al-maqāl*. Sobre a relação de Eliya com o *Faṣl al-maqāl*, cf. M.-R. Hayoun, "Eliya Delmédigo (1460-1493) ou o último averroísta judeu em Pádua", *op. cit.*, pp. 4-95. Cf. também J. Guttmann, "Elia del Medigo's Verhältnis zu Averroes in seinem *Beḥinat ha-dat*", *Jewish Studies in Memory of Isr. Abrahams*, Nova York, 1927, pp. 192-208.

"livre" do *Faṣl al-maqāl*. Tendo utilizado essa obra em nossa análise do conteúdo do *Discurso*, nos deteremos aqui mais particularmente em Isaac Albalag.

O caso de Albalag é apaixonante, pois é sem dúvida com ele que se passa de fato de Averróis para o "averroísmo"[61]. Tradutor para o hebraico das *Intenções dos filósofos* de Al-Ghazālī, Albalag é o autor de um *Restabelecimento das doutrinas corretas*, que ataca de frente todas as "incoerências". Seu primeiro alvo é o mesmo de Al-Ghazālī: "Abū Naṣr Al-Fārābī e Ibn Sīnā", porém o que critica neles é exatamente o contrário, é o fato de "se terem afastado da via de Aristóteles", mas ataca evidentemente também Al-Ghazālī (que, como mostrou o *Faṣl al-maqāl*, não entendeu os filósofos) e, algo mais inesperado, Maimônides ("que não vale muito mais"). De fato, em vez de buscar uma leitura harmonizadora de Averróis e Maimônides (como Ibn Falaqera), Isaac rejeita resolutamente os ensinamentos do autor do *Guia dos perplexos*, "que não se equivocou menos em matéria de filosofia que em matéria de fé" – a causa de seus erros sendo, como em Al-Ghazālī, ter se mantido no horizonte do alfarabo-avicenismo.

Se reconhece haver quatro crenças fundamentais comuns a todas as leis reveladas e à filosofia ("a existência da recompensa e do castigo, a sobrevivência da alma após a morte física para poder recebê-los, a existência de um Senhor recompensador e vingador, a existência de uma Providência que vela sobre as vias do homem para dar a cada um segundo suas vias")[62], Albalag traça a mesma

---

[61] Sobre Albalag, cf. G. Vajda, *Isaac Albalag. Averroïste juif, traducteur et commentateur de Al--Ghazali*, Paris, 1960; Ch. Touati, "Vérité philosophique et vérité prophétique chez Isaac Albalag", *Revue des études juives*, CXXI (1962), pp. 35-47. Sobre o pensamento judaico medieval, cf. J. Guttmann, *Histoire des philosophies juives de l'époque biblique à Franz Rosenzweig*, trad. Sylvie Courtine-Denamy (Bibliothèque de philosophie), Paris, Gallimard, 1994; Ch. Touati, *Prophètes, talmudistes, philosophes* (Patrimoines, judaïsme), Paris, Cerf, 1990; G. Vajda, *Sages et penseurs séfarades de Bagdad à Cordoue* (Patrimoines, judaïsme), Paris, Cerf, 1989.

[62] Cf. I. Albalag, "Le Prologue", in G. Vajda, *Isaac Albalag*..., p. 16. Como sublinha Vajda, p. 17, nota 1, Albalag deixa o "problema da origem do mundo fora das crenças fundamentais". A tese segundo a qual os "verdadeiros filósofos" (por oposição aos "pretensos filósofos" ou aos "epicu-

distinção que Averróis entre o método "narrativo", do qual se serve a legislação revelada para estabelecê-las entre o vulgo, e o método "demonstrativo", do qual se serve a filosofia para ensiná-las à elite. Segue-o também na descrição do trabalho filosófico. A verdade se adquire, em primeiro lugar, pela demonstração racional: a primeira tarefa do filósofo é, pois, "aprendê-la". Em segundo lugar, cabe-lhe considerar se um texto bíblico "suporta a noção demonstrativa estabelecida" e interpretá-lo "à luz desta última". Se o texto não admitir "nenhuma das noções apoditicamente demonstradas", deve-se parar a exegese, dizer que "não o entendemos", que "sua intenção nos escapa" e que se trata, ali, "não de um mistério filosófico, mas de um dos mistérios proféticos confiados unicamente àqueles que Deus agraciou com um espírito superior". Não existe mistério em filosofia – os únicos mistérios são do domínio da profecia. Contrariamente ao que sustenta a tradição proveniente de Al-Fārābī e de Avicena[63], da qual depende Maimônides, o filósofo e o profeta não se confundem, cada um fala em seu domínio.

O sábio pode entender tudo unicamente a partir do raciocínio, meditar filosoficamente a *Torá* e transmitir seus conhecimentos ou suas doutrinas pelo ensino. As verdades proféticas são acessíveis unicamente ao profeta, não podem ser ensinadas, e não temos acesso a elas pelo raciocínio. A teoria da profecia natural ou, o que dá no mesmo, a teoria natural da profecia, que desempenha um papel tão importante no alfarabo-avicenismo e no maiomonismo, são vigorosamente rejeitadas. A profecia não é a filosofia acabada, nem a filosofia o estado nascente da profecia. *A fortiori* elas não são idênticas *nem em última instância*. Não há acesso filosófico nem mesmo sentido filosófico para a profecia: "O conhecimento profético

---

ristas") reconhecem e provam unanimemente a existência de um Deus único e criador é, entretanto, um lugar-comum do pensamento judaico. Encontramo-la também em Maimônides (especialmente na *Carta aos homens cultos de Marseille*), em Yedayah de Béziers e, naturalmente, em Ibn Falaqera. Cf. G. Dahan, *Epistola Dialogi...*, pp. 62-3.

[63] Cf. J. W. Morris, "The Philosopher-Prophet in Avicenna's Political Philosophy", in Ch. E. Butterworth (ed.), *The Political Aspects...*, pp. 152-98.

pertence exclusivamente ao profeta; podemos menos ainda incrementá-lo pelo raciocínio pessoal." "A inteligência da doutrina profética" não pode constituir o objeto de um *saber* (exceto para o próprio profeta); ela é somente objeto de *crença* "para aquele que a recebe por transmissão". A crítica do *kalām* é encontrada também em Albalag, mas aplicada ao contexto judaico, especificamente à Cabala. Como Ibn Rushd, o autor do *Restabelecimento das doutrinas corretas* se inclina para o bipartidarismo: não deveria haver um terceiro entre a demonstração racional e o respeito literal da tradição ("Não admitas jamais em tua crença nenhuma exegese das Escrituras que não seja confirmada por um desses dois métodos").

Qualquer coisa é melhor do que aceitar a *terceira posição cabalística*: "Se não estiveres entre aqueles que foram julgados dignos de aceder ao grau (da interpretação filosófica), é preferível que te atenhas ao sentido óbvio, sem perguntares pela razão, a que aceites algum sofisma extravagante que não pertence *nem à filosofia nem à profecia*." Aquele que escolhe a Cabala escolhe o vazio: "Se tu te tornares adepto da seita esotérica de nosso país, não serás nem filósofo nem crente". Nada mais "rushdiano" do que este alerta contra o *terceiro inútil*. Mas Albalag não é apenas "rushdiano", é também "averroísta". O radicalismo de Isaac é, com efeito, tal que, em certo sentido, leva-o a sustentar a única autêntica doutrina da "dupla verdade" realmente atestada no século XIII. O programa é claro e distinto: se as palavras da *Torá* "podem ser interpretadas em conformidade com a doutrina demonstrativa", devemos aderir a elas "tanto em virtude da demonstração quanto em virtude da fé"; se nenhum texto das Escrituras apoia uma demonstração filosófica, devemos acreditar na demonstração "unicamente em virtude da especulação"; se, ao contrário, uma tese filosófica é contradita por um texto das Escrituras, devemos acreditar "também no sentido literal do texto pela via do milagre", tendo consciência de que sua inteligência está reservada exclusivamente ao profeta. Temos, pois, três situações possíveis para um indivíduo filósofo "*x*":

(a) a filosofia e a *Torá* concordam num ponto preciso = "Y";
(b) a *Torá* não se pronuncia sobre Y;
(c) a *Torá* contradiz a filosofia sobre o ponto Y.
Esses três casos determinam três tipos de crença.

No caso (a), a crença de x é filosófica e religiosa; no caso (b), é apenas filosófica; no caso (c), x tem duas crenças: a filosófica e "*também*" a religiosa. Nos três casos, a crença filosófica é mantida[64].

Não é de espantar, pois, que Isaac apresente a tese que Étienne Tempier pretendia encontrar nos mestres parisienses: "Sobre muitos pontos, diz ele, acharás *minha opinião racional contrária à minha fé, pois eu sei pela demonstração* que tal coisa é verdadeira pela via da natureza e *sei ao mesmo tempo, pelas palavras dos profetas*, que o contrário é verdadeiro pela vida do milagre." E que ele precise que, como homem (o homem que ele é, judeu e filósofo ao mesmo tempo), "reconhece o sentido literal da *Torá* pela fé simples *e* a verdade dos filósofos pela via da natureza e da especulação humana": "*Minha* doutrina é a dos filósofos, a fé na *Torá* é *minha* fé, a primeira pela via da natureza, a segunda pela via do milagre." Bem vemos que esta doutrina não desenvolve apenas a do *Faṣl al-maqāl*: modifica-a. O horizonte aberto por Albalag não é o de Ibn Rushd, é o do "averroísmo". As gerações posteriores só farão modulá-lo: tudo o que o mundo "cristão" do século XVI imputará a Averróis, para segui-lo ou censurá-lo, está em germe em Albalag, mesmo que, a rigor, haja nele mais uma doutrina da *dupla crença* do que uma doutrina da *dupla verdade*[65].

O que existe, em comparação, no mundo muçulmano? A resposta só é simples aparentemente. Foi no final do século XIX que o *Faṣl al-maqāl* (re)encontrou um público em terras do Islão. Mas qual *Faṣl al-maqāl*? O de Ibn Rushd ou o dos "averroístas"? Colocar

---

[64] Cf., sobre tudo isso, G. Vajda, *Isaac Albalag...*, pp. 153-4.
[65] Sobre o tema da dupla crença, cf. H.-A. Wolfson, "The Double Faith Theory in Clement, Saadia, Averroes and Saint Thomas and its Origin in Aristotle and the Stoics", *JQR*, 33 (1942--43), pp. 213-64.

essa questão significa questionar os esquemas de leitura que delimitaram a reapropriação árabe de Ibn Rushd. Aqui, um fato se impõe: a importância do motivo harmonizador na interpretação do projeto rushdiano. É a partir de uma leitura do *Discurso* como "empreendimento *conciliatório*" que se constroem as genealogias, as rupturas e as escolhas de objetos. Que sentido dar à noção de *ittiṣāl* sobre a qual se supõe que o *Discurso* decida? Ibn Rushd seria um "conciliador" ou acaso procurava uma outra via, suscetível de garantir a autonomia da razão *no seio* do mundo árabe-muçulmano? Os termos *accord* (L. Gauthier), *concordia* (M. Alonso), *harmony* (G. Hourani), *accordo* (M. Campanini), escolhidos pelos tradutores das principais línguas europeias, mostram, à sua maneira, o horizonte interpretativo no qual se inscreveu durante muito tempo o debate – a palma indo aqui paradoxalmente para M. J. Müller, que dá à sua tradução o título *Harmonie der Religion und Philosophie*, indicando simultaneamente, em nota, que o "título exato" (*eigentlich* = legítimo, verdadeiro, propriamente dito) é: "Discurso decisivo estabelecendo a relação (*Verbindung* = ligação, conexão) entre a religião e a filosofia."

Por um estranho efeito de aculturação, a tese de L. Gauthier, que destinava o *Faṣl al-maqāl* a enfrentar "o problema fundamental da *escolástica*" latina, pesou para muitas interpretações árabes modernas. A pertinência *desta* problemática do acordo entre a fé e a razão, entre a religião e a filosofia é, hoje, questionada. Propondo uma tradução nova com notas do discurso sobre a *conexão* entre a sabedoria e a Revelação, esperamos devolver, para o público francófono, o texto de Ibn Rushd a seu contexto e a seus problemas de origem e marcar *justamente por meio disso* o que constitui sua irredutível atualidade. Pois o mundo "moderno" precisa do *Faṣl al-maqāl* não apenas para afirmar abstratamente o direito de filosofar, mas para argumentar *juridicamente* uma ideia original: o exercício da razão é uma obrigação que a lei revelada impõe aos homens de razão (ou seja, a todos os homens *um dia ou outro*); ninguém poderia proibir o primeiro sem infringir a segunda.

INTRODUÇÃO

Há casos em que, para aceder à modernidade, devemos menos sair da Idade Média do que pensá-la. Certas ideias são tão novas quanto o eram há oito séculos, simplesmente porque nunca foram entendidas. Desde o século XIII Ibn Rushd representou, para sua desgraça, o racionalismo muçulmano. Se hoje devemos nos interessar por ele, talvez seja por causa disso. Esta obra difícil, tecida com todas as sabedorias gregas e árabes acessíveis a um pensador andaluz do século XII, esta reprodução da *translation studiorum* em terras do Islão, comanda o acesso ao espaço das questões mais gerais. A partir daí, é preciso voltar ao início: precisamos passar pelo conceito, pelo rigor, pela austeridade e pela tecnicidade do *Faṣl al--maqāl* para chegar ao coração intelectual do modelo andaluz, para questionar sua pertinência e a natureza de sua atualidade; pois é apenas tendo a medida do caráter profundamente intempestivo da irrupção de Averróis em seu *próprio* mundo que a intempestividade do próprio modelo poderá encontrar, hoje, matéria para desenvolver seu poder de questionamento. O papel *historiográfico* de Ibn Rushd é o sintoma de uma doença da história ocidental, ligada ao ocultamento de sua parte filosófica árabe e judaica. O lugar singular que ele ocupa, no centro de um dispositivo combinando contraditoriamente reconhecimento e denegação, é emblemático do estatuto concedido ao pensamento árabe-muçulmano na história da formação da consciência europeia: com seu duplo destino de mestre e de estrangeiro, Averróis é o revelador do movimento de inclusão/exclusão que, *na sua própria fonte*, habita a racionalidade europeia. Possa esta edição bilíngue contribuir para o entendimento das questões que ele nos coloca, tais como foram realmente formuladas, para que por meio disso possamos compreender, como ontem, a pluralidade das formas do racional.

ALAIN DE LIBERA

IBN TŪMART E A IDEOLOGIA ALMÔADA

No momento em que Abū Al Walīd Muḥāmmad Ibn Rushd nascia em Córdoba em 1126, no coração do Alto Atlas marroquino, entre as populações berberes da tribo dos Maṣmūda, preparava-se um movimento insurrecional que em breve provocaria a maior reviravolta político-religiosa jamais conhecida no Islão ocidental: a revolução almôada.

Seu instigador, o "Mádi" berbere Ibn Tūmart, é originário de uma pequena localidade do Anti-Atlas, no sul do Marrocos, povoada pelos membros da tribo Hargha, um ramo da confederação dos Maṣmūda. Fato excepcional para um jovem de uma região tão recuada e tão pouco tocada pela cultura árabe-muçulmana, ele abandona sua terra natal para partir em busca de ciência no ano de 1106 aproximadamente (ano em que, por instigação do cádi de Córdoba, Ibn Hamdīn, o poder almorávida ordena os primeiros autos de fé das obras de Al-Ghazālī). Após uma provável passagem por Córdoba, ele fica muitos anos na Síria, no Iraque e no Egito, onde apura sua formação de sábio muçulmano em disciplinas pouco cultivadas na época no Magrebe e no Al-andalus, as fontes fundamentais do Direito e a teologia dialética das escolas ash'arīta e mu'tazilīta.

Ignoram-se os detalhes de sua biografia durante esse período. Ainda assim pode-se afirmar – e a sequência de seu percurso o prova – que ele retorna ao Oriente profundamente convencido da urgência de uma reforma religiosa. No barco que o traz de volta de Alexandria, teria perseguido a tal ponto seus companheiros de viagem com suas arengas moralizadoras que esses últimos, exasperados, teriam-no jogado na água. Recém-desembarcado nas terras do Magrebe, já se faz notar pelas autoridades como um temível provocador e agitador, erigindo-se por toda parte em crítico dos costumes. Iremos encontrá-lo em 1118 em Bijāia, tendo em seu rastro um grupo de ouvintes, mas é expulso da cidade pelas autoridades, que temem seus excessos. É nesse momento que encontra aquele que se tornaria seu primeiro "companheiro", 'Abd Al-Mu'min, um jovem que também se dispunha a partir para o Oriente, mas que decide, depois desse encontro providencial, dedicar sua vida a seguir os passos do mestre. Os dois homens nunca mais se separarão. Por todos os lugares em que ele passa seu carisma faz maravilhas. Seu olhar e suas injunções bastam para dobrar a vontade do carcereiro que havia prendido um inocente. Em Fez, ele provoca turbulência no *establishment* dos doutores malikītas ensinando publicamente, segundo os cronistas, a teologia ash'arīta. O governante da cidade organiza uma sessão de controvérsia durante a qual, naturalmente, Ibn Tūmart esmaga os adversários com a superioridade de sua ciência. Expulsam-no mais uma vez. Ele se dirige então para a capital do império almorávida, Marrakesh, onde se põe a atacar a própria irmã do soberano, 'Alī Ibn Yūssuf Ibn Tāshfīn, que vê passar num cortejo com o rosto descoberto: entre os berberes do Sul, os Ṣanhāja, aos quais pertence a família reinante, são os homens que usam o véu, o *lithām* (como ainda hoje entre os Tuaregs), enquanto as mulheres andam com o rosto descoberto, sendo mais por fidelidade às suas origens do Saara que por desobediência à lei muçulmana que os almorávidas mantêm esse costume. Entretanto, Ibn Tūmart transformará essa "aberração" em tema de propaganda e quererá ver aí o símbolo da frouxidão religiosa dos almorávidas, pejorativamente batizados de *mulaththamūn* (os que usam *lithām*). Ele comparece perante o soberano e enfrenta mais uma vez os doutores malikitas. O ministro do soberano, Malik Ibn Wuhayb, um dos primeiros filósofos importantes do Ocidente muçulmano, que foi também o padrinho de Ibn Bājja na corte almorávida, desvenda sem dificuldade o caráter subversivo do discurso de Ibn Tūmart e aconselha ao soberano sua condenação à morte. ʿAlī Ibn Yūssuf contenta-se em expulsá-lo.

A ruptura com o poder está consumada, e inaugura-se uma nova fase da atividade de Ibn Tūmart. Ele entra na clandestinidade. Refugiado em 1121 no seu vilarejo natal de Igīlliz, no Anti-Atlas, depois, a partir de 1124, na localidade ainda mais inacessível de Tinmel, ele se afirma, à frente de seus primeiros discípulos, e logo é seguido pelas populações da região como chefe de um movimento revolucionário que ele mesmo nomeia como o movimento dos *muwaḥḥidūn*: aqueles que professam a unicidade de Deus (*tawḥīd*), primeiro elemento da profissão de fé (*shahāda*) muçulmana; em outras palavras: os *verdadeiros* muçulmanos, decididos a restabelecer em sua pureza original o Islão desvirtuado, principalmente para Ibn Tūmart, pelo poder político almorávida e pelos doutores malikitas que o sustentavam. Entretanto, ele consegue ser reconhecido como o "Mádi", aquele que deve, segundo uma difundida crença muçulmana, ter recebido de Deus a missão de restabelecer a justiça sobre a terra às vésperas do fim do mundo, e que os xiitas identificam como sendo o décimo segundo imã "oculto", e certos sunitas como sendo Jesus. Enquanto tal, ele se proclama infalível (*maʿṣūm*).

A originalidade da doutrina de Ibn Tūmart se exprime ao mesmo tempo nos planos teológico e jurídico. Ele ensina que o conhecimento da unicidade de Deus funda-se numa necessidade puramente racional. Todo homem reconhece necessariamente a existência de um Criador pelo próprio fato de se perceber e de perceber o mundo como criados. É a tomada de consciência, pelo homem, de seu caráter de criatura e de sua impotência para interferir na ordem natural (por mais que queiramos fazer crescer de novo um dedo que foi cortado, seríamos incapazes, diz por exemplo Ibn

Tūmart), que o faz inferir a existência de um Ser absolutamente diferente. Instaura-se uma distinção radical entre o adventício, o ser condicional e contingente, e o Eterno, o ser absoluto e necessário. Diferindo radicalmente o Criador da criatura, nada que for da ordem do criado deve ser-lhe assimilado. Insistindo desse modo na exigência de transcendência divina, Ibn Tūmart põe em dificuldades seus adversários, os doutores malikitas pró-almorávidas, cujo literalismo, que lhes proíbe *de facto* a interpretação alegórica das passagens antropomórficas do Alcorão, supõe no mínimo o "assimilacionismo" (*tashbīh*) ou o "corporeísmo" (*tajsīm*), duas heresias abundantemente fustigadas nos escritos do Mádi. São a esses mesmos adversários que Ibn Tūmart visa no terreno do Direito: a prática jurídica dos malikitas funda-se numa jurisprudência inscrita em coletâneas de casos específicos (*furūʿ*) redigidas por mestres antigos considerados autoridade na escola. É pois *de facto* a "opinião" (*raʾy*) dessas autoridades que é erigida em norma do Direito: uma norma subjetiva, já que o exercício da ciência da lei deve tender, em princípio, a se fundamentar na norma objetiva que as fontes (*ʾuṣūl*) do Direito, os enunciados do Texto revelado constituem. Radicalizando essa exigência, chegamos à atitude zahirita, adotada no século precedente por Ibn Ḥazm, que descartava como subjetivo e "conjectural" (*ẓannī*) mesmo o julgamento por raciocínio analógico (*qiyās*) e que elaborara um procedimento que devia permitir fundar todos os julgamentos diretamente num enunciado revelado de sentido unívoco (*naṣṣ*). Também Ibn Tūmart se empenha em eliminar, na medida do possível, a conjectura e em fundar o julgamento na certeza categórica (*qaṭʿ*) graças, particularmente, à chamada teoria da *ʾamāra*[1], mas não segue Ibn Ḥazm em sua recusa do *qiyās* e se contenta em excluir a espécie mais "fraca" da analogia, a chamada "analogia da similitude" (*qiyās shabah*), mostrando-se

---

[1] Sobre essa teoria, cf. as importantes observações de R. Brunschvig em seu artigo "Sobre a doutrina do Mahdî Ibn Tūmart", in *Arabica*, maio de 1955, t. II, fasc. 2, em que Brunschvig retifica certas análises de I. Goldziher em sua "Introdução" ao *Livro de Mohamed ibn Toumert*.

quanto a esse ponto mais intransigente que os teóricos shafiitas, dos quais por vezes tentaram aproximá-lo².

Dotado de uma grande cultura teológica e jurídica, Ibn Tūmart é também um condutor de homens. Paralelamente a textos teóricos muito densos destinados a uma elite, ele produz, sem dúvida inicialmente na língua berbere, profissões de fé ('*aqīda-s*) contendo o essencial de sua doutrina teológica, que se devia conhecer de cor. Esses textos são destinados à edificação das comunidades berberes engajadas no movimento, e nas quais o Mádi tem a preocupação de inculcar uma cultura religiosa que lhes faltava. Um cronista conta como faziam para ensinar passagens do Alcorão para aldeões que não tinham nem as primeiras letras de árabe: cada um recebia como "nome" uma ou duas palavras da sequência corânica a ser aprendida. Depois, os homens eram alinhados na ordem em que haviam sido batizados e deviam dizer, cada qual na sua vez, seu nome, reproduzindo assim toda a sequência³. Repetindo-se essa operação durante alguns dias, ao final todo o mundo havia retido a totalidade do texto. Relatos como esse revelam a importância que o almoadismo dava à doutrinação das massas e ao papel da ideologia como motor da ação. Essa é uma característica essencial do movimento, que não será desmentida depois.

Doutrinados pelas mãos do Mádi, os *muwaḥḥidūn* são enquadrados politicamente por uma hierarquia e pelas instituições que também sobreviverão à tomada do poder e das quais se originará a oligarquia do futuro Estado almôada. Existe um "conselho dos Cinquenta" que reúne os primeiros aderentes da doutrina do Mádi, que sempre considera o equilíbrio tribal berbere tradicional. Dois grupos estão aí representados de modo privilegiado, os Hargha, tribo de origem do Mádi, e os "homens de Tinmel", habitantes da cidade

---

² Cf. D. Urvoy, *Pensers d'al-Andalus, la vie intellectuelle à Séville et Cordoue aux temps des empires berbères (fin XIᵉ siècle-début XIIIᵉ)*, Toulouse, CNRS/PUM, 1990, pp. 83-4.
³ Segundo o *Rawḍ al-qirṭās*, crônica de Ibn Abī Zarʿal-Fāsī, citada por R. Le Tourneau, *The Almohad Movement in North Africa in the 12th and 13th Centuries*, Princeton, Princeton University Press, 1969, p. 35.

hospedeira em que se construiu a comunidade, reproduzindo assim o modelo muçulmano arquetípico da bipartição entre "*muhājirūn*" (imigrantes qurayshitas da Meca que teriam seguido o Profeta em seu exílio) e "*anṣār*" (partidários da Medina) na cidade-Estado profética de Medina. De fato, é numa espécie de Medina berbere que se tornou a cidade de Tinmel na época de Ibn Tūmart. O Mádi está rodeado de "companheiros", como o Profeta. Eles formam o grupo dos "*ahl al-dār*" (pessoas da casa), espécie de conselho privado do Mádi. Além disso, existe um grupo dos "Dez" (*al-ʿashara*), os primeiros discípulos, entre os quais ʿAbd Al-Muʾmin, que foram os primeiros a proclamá-lo "Mádi" infalível. Ibn Tūmart terá a ideia de constituir grupos de crianças e de jovens, chamados *ṭālib*-s ou *ḥāfiẓ*-s, que se destacassem por seus dons intelectuais, e de dar-lhes uma formação de sábios religiosos sob sua estreita vigilância.

A dinâmica político-religiosa criada pelo Mádi faria com que em breve o poder almorávida se visse enredado em múltiplas dificuldades. Ainda em vida de Ibn Tūmart, em 1130, uma primeira investida militar é feita contra a capital, Marrakesh. Mas os almôadas são vencidos. Poucos meses depois, o Mádi morre em Tinmel. O vazio político criado com o desaparecimento do guia coloca seus próximos numa situação delicada: acostumada a se apoiar no Mádi, a comunidade, privada de sua fonte de autoridade infalível, pode pura e simplesmente se desagregar. É sem dúvida o que faz com que o círculo dos discípulos do Mádi oculte sua morte à população, aparentemente durante vários anos. Segundo outras fontes, Ibn Tūmart só teria de fato morrido mais tarde, mas não teria mais aparecido em público em razão de seu estado de saúde. De qualquer modo, o fato é que durante três ou quatro anos outros governaram em seu nome, a fim de adiar o temível momento de sua sucessão. Finalmente se decidem a escolher como sucessor seu primeiro discípulo, ʿAbd Al-Muʾmin. Sob sua direção, as operações militares recomeçam, a partir de 1141, com sucesso. O território do Magrebe ocidental é metodicamente conquistado. Em 1147, Fez e Marrakesh caem.

A decadência do poder almorávida é naturalmente causa de conflitos em Andaluzia, o que levará 'Abd Al-Mu'min a intervir na península, da qual se tornará mestre em 1150, com exceção das províncias orientais de Granada e Valência.

Na Espanha, no ano do nascimento de Ibn Rushd, os exércitos cristãos estão nas portas de Granada. A autoridade do Estado almorávida, que seu avô servira como grão-cádi de Córdoba – cargo que ocupa também seu pai e que ele próprio ocupará mais tarde a serviço do poder almôada –, nunca mais será verdadeiramente restabelecida, e os vinte primeiros anos da vida de Ibn Rushd são marcados por guerras devastadoras entre chefes de guerra andaluzes, cujos conflitos reacendem devido à quebra do poder almorávida, enquanto continua a pairar a ameaça cristã. Córdoba passa sucessivamente das mãos dos Banū Ghāniya para as dos Banū Hūd. Com a chegada dos almôadas, é sobretudo a ordem política que é restabelecida, e por muito tempo Ibn Rushd renderá graças a esse "poder vencedor" ao qual permanecerá ligado durante toda a sua vida, em razão dos cargos oficiais que ocupará e que lhe eram destinados por sua origem familiar e devido às amizades e afinidades intelectuais que manterá com os soberanos. Em seu comentário da *República* de Platão, redigido perto do final de sua vida, ele glorifica os almôadas por terem instaurado um poder "fundado na lei", ao passo que o poder anterior, tendo-se degradado em "timocracia hedonista", não estava mais em condições de exercer sua autoridade e tinha dado lugar, localmente, à tirania dos oligarcas chefes de guerra andaluzes[4]. Se, como destaca A. de Libera, a obra de Ibn Rushd evidentemente ultrapassa por sua estatura o trabalho de um "intelectual orgânico", ela não é menos fortemente determinada pelo contexto no qual se desenvolve, o contexto muito particular do projeto almôada, devido à estreita interferência entre os campos político, religioso e intelectual que caracterizam essa época.

---

[4] Cf. M. Cruz Hernandez, "La crítica de Averroes al despotismo oligárquico andalusí", in A. M. Lorca (ed.), *Al encuentro de Averroes*, Madri, Editorial Trotta, 1993, pp. 116-7.

A chegada ao poder dos almôadas não é uma simples transferência de poder. Os três soberanos da dinastia com os quais Ibn Rushd terá contato, 'Abd Al-Mu'min (até 1163), Abū Ya'qūb Yūssuf (1163-84) e depois Abū Yūssuf Ya'qūb Al-Manṣūr (1184-99), tomarão a cargo a tarefa de estabelecer no território do Império a reforma jurídica e doutrinal preconizada pelo Mádi. Se ao final não conseguiram, não foi sem dúvida por falta de vontade, mas em razão da extraordinária resistência oposta pelas formas mais antigas de religiosidade e pelos costumes jurídicos consagrados pelo malikismo tradicional, tão arraigados nos costumes locais que resistem à desqualificação política e às perseguições intermitentes, por vezes bastante rudes, de que são objeto seus representantes oficiais, os doutores da lei malikitas tradicionalistas. Os soberanos almôadas procuram criar uma nova elite que defenda sua causa e capaz de substituir os detentores tradicionais da autoridade. 'Abd Al-Mu'min desenvolve a já antiga instituição dos almôadas, os *ḥāfiẓ*-s, para torná-la um verdadeiro viveiro de quadros a serviço do novo regime. Um cronista anônimo[5] conta que esses jovens, perto de 3 000, eram reunidos no palácio do soberano todas as sextas-feiras após a prece, para que lhes fosse dispensada uma formação intelectual e esportiva. Ali passavam uma parte da tarde lendo coletâneas de tradições proféticas compiladas por Ibn Tūmart, especialmente sua análise do *Muwaṭṭa'* de Mālik Ibn 'Anas, ou outras obras do Mádi. Essas sessões eram completadas por atividades físicas, e havia no recinto do palácio piscinas e campos de corrida para que os jovens se exercitassem na natação, no remo, na equitação e no arco. Ao final de sua formação esses jovens eram nomeados para os postos de governadores nas províncias do Império.

A historiografia da época, encerrada num jogo de restrições formais próprias ao gênero literário da crônica, só nos oferece um eco deformado e abafado da luta ideológica sutil que deve ter se desenrolado no Ocidente muçulmano entre um Estado que fundava sua

---

[5] *Al-ḥulal al-mawshiyya*, citada por R. Le Tourneau, *op. cit.*, pp. 62-3.

legitimidade numa doutrina que se apresentava como uma "volta às fontes" – mas era contudo suspeita de heterodoxia aos olhos do "Islão majoritário" em razão de suas afinidades possíveis (e aliás diligentemente sublinhadas por certa historiografia hostil) com certas formas de kharijismo cuja influência tinha sido determinante na islamização do mundo berbere e com o xiismo – e uma base social instalada, pela prática jurídica com a qual ela se conformava e pelo credo no qual se reconhecia, na tradição malikīta do Magrebe. Cabe, pois, ao leitor moderno avaliar esses jogos ideológicos e reconstituir tanto quanto possível o clima no qual se desenvolveu a atividade de Ibn Rushd e ao qual este último não pôde subtrair-se. Muitos trabalhos procuraram mostrar como a obra de Ibn Rushd, em particular sua obra jurídica e teológica, se inseria no confronto dogmático produzido pela irrupção do almoadismo[6].

Podemos, de fato, discernir na obra de Ibn Rushd um projeto teológico, do qual o *Faṣl al-maqāl* constitui a primeira parte, preparatória, completada pelo *Al-Kashf 'an Manhaj al'adilla*, que apresenta positivamente o conteúdo de um credo demonstrado pelo sentido óbvio do texto, e que Ibn Rushd declara dever ser adotado pela massa como uma alternativa à dialética teológica. Esse credo identifica-se em seus pontos principais com os dogmas expostos nos escritos teológicos de Ibn Tūmart, profissões de fé e tratados teóricos[7]. Ibn Rushd teria querido assim dar "sua" versão da "via média", intermediária entre o "baixo nível" do literalismo e a "erística" dos teólogos (e essencialmente conforme aos resultados da demonstração) que ele congratula o regime almôada de ter promovido em sua época, para colocar a ideologia do poder a serviço de sua própria causa, a defesa da filosofia.

MARC GEOFFROY

---

[6] Cf. D. Urvoy, *op. cit.*; e, do mesmo autor, "La pensée almohade dans l'oeuvre de Ibn Rushd" in J. Jolivet (ed.), *Multiple Averroès*, Paris, Belles Lettres, 1978, pp. 45-53.

[7] Cf. a esse respeito nosso artigo "L'almohadisme théologique d'Averroès (Ibn Rushd)", in *Archives d'histoire doctrinale et littéraire du Moyen Age*, vol. 66, 1999.

DISCURSO DECISIVO
FAṢL AL-MAQĀL

كِتابُ فَصْلِ الْمَقالِ وتَقْريرُ ما بَيْنَ الشَّريعَةِ وَالْحِكْمَةِ مِنَ الاتِّصال

١. قالَ الْفَقيهُ الإِمامُ الْقاضي الْعَلَّامَةُ الأَوْحَدُ أَبُو الْوَليدِ مُحَمَّدُ بْنُ أَحْمَدَ بْنِ رُشْدٍ: أَمَّا بَعْدَ حَمْدِ اللهِ بِجَميعِ مَحامِدِهِ، وَالصَّلاةِ عَلى مُحَمَّدٍ عَبْدِهِ الْمُصْطَفى وَرَسولِهِ، فَإِنَّ الْغَرَضَ مِنْ هَذا الْقَوْلِ أَنْ نَفْحَصَ، عَلى جِهَةِ النَّظَرِ الشَّرْعِيِّ، هَلِ النَّظَرُ فِي الْفَلْسَفَةِ وَعُلومِ الْمَنْطِقِ مُباحٌ بِالشَّرْعِ، أَمْ مَحْظورٌ، أَمْ مَأْمورٌ بِهِ، إِمَّا عَلى جِهَةِ النَّدْبِ وَإِمَّا عَلى جِهَةِ الْوُجوبِ. فَنَقولُ:

٢. إِنْ كانَ فِعْلُ الْفَلْسَفَةِ لَيْسَ شَيْئاً أَكْثَرَ مِنَ النَّظَرِ فِي الْمَوْجوداتِ وَاعْتِبارِها مِنْ جِهَةِ دَلالَتِها عَلى الصَّانِعِ، أَعْني مِنْ جِهَةِ ما هِيَ مَصْنوعاتٌ - فَإِنَّ الْمَوْجوداتِ إِنَّما تَدُلُّ عَلى الصَّانِعِ بِمَعْرِفَةِ صَنْعَتِها، وَإِنَّهُ كُلَّما كانَتِ الْمَعْرِفَةُ بِصَنْعَتِها أَتَمَّ، كانَتِ الْمَعْرِفَةُ بِالصَّانِعِ أَتَمَّ؛ وَكانَ الشَّرْعُ قَدْ نَدَبَ عَلى اعْتِبارِ الْمَوْجوداتِ وَحَثَّ عَلى ذَلِكَ، فَبَيِّنٌ أَنَّ ما يَدُلُّ عَلَيْهِ هَذا الاسْمُ إِمَّا واجِبٌ بِالشَّرْعِ، وَإِمَّا مَنْدوبٌ إِلَيْهِ.

O LIVRO DO DISCURSO DECISIVO ONDE SE ESTABELECE A CONEXÃO EXISTENTE ENTRE A LEI RELIGIOSA E A FILOSOFIA

1. Disse o douto jurisconsulto, juiz sapientíssimo, único por seu conhecimento, Abu Al Walīd Muḥāmmad Ibn Aḥmad Ibn Rushd (Averróis): tendo louvado a Deus com todos os louvores que Lhe cabem, e pedido a bênção a Muḥammad, Seu servo eleito e por Ele enviado, o alvo deste discurso é o de examinarmos, do ponto de vista da Lei religiosa[1], se o estudo da filosofia e das ciências da lógica é permitido pela Lei ou por ela proibido, ou ainda, se é prescrito, seja como recomendação, seja como obrigação[2]. Dizemos, pois:

2. Se o ato de filosofar consiste na reflexão sobre os seres existentes e na consideração destes, do ponto de vista de que constituem a prova da existência do Artesão[3], quer dizer: enquanto são [semelhantes a] artefatos – pois certamente é na medida em que se conhece sua construção que os seres constituem uma prova da existência do Artesão; e, se a Lei religiosa recomenda a reflexão sobre os seres existentes e mesmo estimula para isso, então é evidente que a atividade designada por esse nome (de filosofia) é considerada pela Lei religiosa seja como obrigatória, seja como recomendada.

٣. فَأَمَّا أَنَّ الشَّرْعَ دَعَا إِلَى اعْتِبَارِ الْمَوْجُودَاتِ بِالْعَقْلِ، وَتَطَلَّبَ مَعْرِفَتَهَا بِهِ، فَذَلِكَ بَيِّنٌ فِي غَيْرِ مَا آيَةٍ مِنْ كِتَابِ اللّهِ – تَبَارَكَ وَتَعَالَى –، مِثْلَ قَوْلِهِ: «فَاعْتَبِرُوا يَا أُولِي الْأَبْصَارِ»، وَهَذَا نَصٌّ عَلَى وُجُوبِ اسْتِعْمَالِ الْقِيَاسِ الْعَقْلِيِّ، أَوِ الْعَقْلِيِّ وَالشَّرْعِيِّ مَعًا؛ وَمِثْلَ قَوْلِهِ – تَعَالَى: «أَوَلَمْ يَنْظُرُوا فِي مَلَكُوتِ السَّمَوَاتِ وَالْأَرْضِ وَمَا خَلَقَ اللّهُ مِنْ شَيْءٍ»، وَهَذَا نَصٌّ بِالْحَثِّ عَلَى النَّظَرِ فِي جَمِيعِ الْمَوْجُودَاتِ. وَأَعْلَمَ اللّهُ – تَعَالَى – أَنَّ مِمَّنْ خَصَّهُ بِهَذَا الْعِلْمِ وَشَرَّفَهُ بِهِ إِبْرَاهِيمُ – عَلَيْهِ السَّلَامُ –، فَقَالَ – تَعَالَى –: «وَكَذَلِكَ نُرِي إِبْرَاهِيمَ مَلَكُوتَ السَّمَوَاتِ وَالْأَرْضِ» الْآيَةُ؛ وَقَالَ – تَعَالَى: «أَفَلَا يَنْظُرُونَ إِلَى الْإِبِلِ كَيْفَ خُلِقَتْ وَإِلَى السَّمَاءِ كَيْفَ رُفِعَتْ». وَقَالَ: «[...]وَيَتَفَكَّرُونَ فِي خَلْقِ السَّمَوَاتِ وَالْأَرْضِ»، إِلَى غَيْرِ ذَلِكَ مِنَ الْآيَاتِ الَّتِي لَا تُحْصَى كَثْرَةً.

٤. وَإِذَا تَقَرَّرَ أَنَّ الشَّرْعَ قَدْ أَوْجَبَ النَّظَرَ بِالْعَقْلِ فِي الْمَوْجُودَاتِ وَاعْتِبَارَهَا، وَكَانَ الاعْتِبَارُ لَيْسَ شَيْئًا أَكْثَرَ مِنِ اسْتِنْبَاطِ الْمَجْهُولِ مِنَ الْمَعْلُومِ، وَاسْتِخْرَاجِهِ مِنْهُ – وَهَذَا هُوَ الْقِيَاسُ، أَوْ بِالْقِيَاسِ –، فَوَاجِبٌ أَنْ نَجْعَلَ نَظَرَنَا فِي الْمَوْجُودَاتِ بِالْقِيَاسِ الْعَقْلِيِّ. وَبَيِّنٌ أَنَّ هَذَا النَّحْوَ مِنَ النَّظَرِ الَّذِي دَعَا إِلَيْهِ الشَّرْعُ وَحَثَّ عَلَيْهِ هُوَ أَتَمُّ أَنْوَاعِ النَّظَرِ بِأَتَمِّ أَنْوَاعِ الْقِيَاسِ، وَهُوَ الْمُسَمَّى «بُرْهَانًا».

3. Que a Lei religiosa convide à reflexão racional sobre os seres existentes e requeira de nós conhecimento deles, isto é evidente por diversos versículos do Livro de Deus – bendito e louvado seja –, entre os quais: "Refleti, pois, ó vós que tendes clarividência."[4] Este versículo mostra a necessidade do uso do silogismo racional, ou do racional e legal ao mesmo tempo; ou, por exemplo, o enunciado do Altíssimo: "E não olharam para o reino dos céus e da terra e para todas as coisas que Deus criou?"[5], versículo que induz claramente ao exame racional de todos os seres existentes. E ensinou Deus, O Altíssimo, que entre os que Ele distinguiu e honrou, conferindo-lhes esta ciência, esteve Abraão – que a paz recaia sobre ele. Com efeito, disse O Altíssimo: "E assim fizemos ver a Abraão o reino dos céus e da terra"[6] etc., até o fim do versículo; ou ainda: "Não viram eles os camelos, como foram criados? E o céu, como foi elevado?"[7] e ainda: [...] "Refletem sobre a criação dos céus e da terra"[8]; ou ainda outros inúmeros versículos.

4. E se está estabelecido que a Lei torna obrigatório o exame dos seres existentes por meio da razão e da reflexão sobre eles e que a reflexão não é mais do que dedução, a extração do desconhecido a partir do que é conhecido – aquilo em que consiste o silogismo, ou que se opera pelo silogismo –, então, temos obrigação de recorrer ao silogismo racional para o exame dos entes.

É evidente, também, que esse procedimento de exame que a Lei propõe e estimula é o mais completo dos exames e recorre à espécie de silogismo mais completa, que é o que se chama "demonstração" (prova)[9].

٥. وَإِذَا كَانَ الشَّرْعُ قَدْ حَثَّ عَلَى مَعْرِفَةِ اللَّهِ – تَعَالَى – وَسَائِرِ مَوْجُودَاتِهِ بِالْبُرْهَانِ؛ وَكَانَ مِنَ الْأَفْضَلِ، أَوِ الْأَمْرِ الضَّرُورِيِّ لِمَنْ أَرَادَ أَنْ يَعْلَمَ اللَّهَ – تَعَالَى – وَسَائِرَ الْمَوْجُودَاتِ بِالْبُرْهَانِ، أَنْ يَتَقَدَّمَ أَوَّلاً فَيَعْلَمَ أَنْوَاعَ الْبَرَاهِينِ وَشُرُوطَهَا، وَبِمَاذَا يُخَالِفُ الْقِيَاسُ الْبُرْهَانِيُّ الْقِيَاسَ الْجَدَلِيَّ وَالْقِيَاسَ الْخَطَابِيَّ وَالْقِيَاسَ الْمُغَالِطِيَّ، وَكَانَ لَا يُمْكِنُ ذَلِكَ دُونَ أَنْ يَتَقَدَّمَ فَيَعْرِفَ قَبْلَ ذَلِكَ مَا هُوَ الْقِيَاسُ الْمُطْلَقُ، وَكَمْ أَنْوَاعُهُ، وَمَا مِنْهُ قِيَاسٌ، وَمَا مِنْهُ لَيْسَ بِقِيَاسٍ، وَذَلِكَ لَا يُمْكِنُ أَيْضَاً إِلَّا وَيَتَقَدَّمَ فَيَعْرِفَ قَبْلَ ذَلِكَ أَجْزَاءَ الْقِيَاسِ الَّتِي مِنْهَا تَرَكَّبَ – أَعْنِي الْمُقَدِّمَاتِ وَأَنْوَاعَهَا –: فَقَدْ يَجِبُ عَلَى الْمُؤْمِنِ، بِالشَّرْعِ الْمُمْتَثِلِ أَمْرَهُ بِالنَّظَرِ فِي الْمَوْجُودَاتِ، أَنْ يَتَقَدَّمَ قَبْلَ النَّظَرِ فَيَعْرِفَ هَذِهِ الْأَشْيَاءَ الَّتِي تَتَنَزَّلُ مِنَ النَّظَرِ مَنْزِلَةَ الْآلَاتِ مِنَ الْعَمَلِ.

٦. فَإِنَّهُ كَمَا أَنَّ الْفَقِيهَ يَسْتَنْبِطُ مِنَ الْأَمْرِ بِالتَّفَقُّهِ فِي الْأَحْكَامِ وُجُوبَ مَعْرِفَةِ الْمَقَايِيسِ الْفِقْهِيَّةِ عَلَى أَنْوَاعِهَا، وَمَا مِنْهَا قِيَاسٌ، وَمَا مِنْهَا لَيْسَ بِقِيَاسٍ، كَذَلِكَ يَجِبُ عَلَى الْعَارِفِ أَنْ يَسْتَنْبِطَ مِنَ الْأَمْرِ بِالنَّظَرِ فِي الْمَوْجُودَاتِ وُجُوبَ مَعْرِفَةِ الْقِيَاسِ الْعَقْلِيِّ وَأَنْوَاعِهِ، بَلْ هُوَ أَحْرَى بِذَلِكَ، لِأَنَّهُ إِذَا كَانَ الْفَقِيهُ يَسْتَنْبِطُ مِنْ قَوْلِهِ – تَعَالَى – «فَاعْتَبِرُوا يَا أُولِي الْأَبْصَارِ» وُجُوبَ مَعْرِفَةِ الْقِيَاسِ الْفِقْهِيِّ، فَكَمْ بِالْحَرِيِّ وَالْأَوْلَى أَنْ يَسْتَنْبِطَ مِنْ ذَلِكَ الْعَارِفُ بِاللَّهِ وُجُوبَ مَعْرِفَةِ الْقِيَاسِ الْعَقْلِيِّ.

5. E se a Lei estimula a conhecer, por meio da demonstração, Deus, O Altíssimo, e todas as criaturas a que deu o ser, e que, [por outro lado], é preferível e absolutamente necessário para quem deseja conhecer Deus, O Altíssimo, e todos os seres, pela demonstração, que progrida primeiramente no conhecimento das espécies de demonstração e de suas condições, que saiba em que diferem o silogismo demonstrativo, o dialético, o retórico e o errôneo[10] e que isso não é possível sem que se saiba previamente o que é o silogismo absoluto, quantas espécies existem, o que é silogismo e o que não é; e isto também não é possível, a menos que se conheçam anteriormente as partes de que se compõe o silogismo, quer dizer, as premissas e suas espécies. Com efeito, então, o crente tem obrigação, pela Lei, cuja ordem deve ser seguida, de examinar racionalmente os seres, de conhecer, antes de examinar [os seres], as coisas que estão para o exame racional, como as ferramentas estão para a atividade prática.

6. Assim, do mesmo modo que o jurisconsulto deduz da prescrição de praticar o raciocínio jurídico para determinar características legais, [do mesmo modo] que ele tem a obrigação de conhecer o silogismo jurídico e suas diferentes espécies, quais são os silogismos válidos e quais não o são, do mesmo modo, também, o sábio deve deduzir da ordem [divina] de examinar racionalmente os seres existentes a necessidade de conhecer o silogismo racional e suas espécies; e, nesse ponto, ele estará ainda mais fundado, pois, se o jurisconsulto deduz do enunciado divino: "Refleti, pois, ó vós que sois dotados de clarividência"[11] a obrigação de conhecer o silogismo jurídico, tanto mais justificado está aquele que conhece Deus em deduzir a necessidade de conhecer o silogismo racional.

٧. وَلَيْسَ لِقَائِلٍ أَنْ يَقُولَ إِنَّ هَذَا النَّوْعَ مِنَ النَّظَرِ فِي الْقِيَاسِ الْعَقْلِيِّ بِدْعَةٌ إِذْ لَمْ يَكُنْ فِي الصَّدْرِ الأَوَّلِ ؛ فَإِنَّ النَّظَرَ أَيْضاً فِي الْقِيَاسِ الْفِقْهِيِّ وَأَنْوَاعِهِ هُوَ شَيْءٌ اُسْتُنْبِطَ بَعْدَ الصَّدْرِ الأَوَّلِ، وَلَيْسَ يُرَى أَنَّهُ بِدْعَةٌ؛ فَكَذَلِكَ يَجِبُ أَنْ نَعْتَقِدَ فِي النَّظَرِ فِي الْقِيَاسِ الْعَقْلِيِّ. وَلِهَذَا سَبَبٌ لَيْسَ هَذَا مَوْضِعُ ذِكْرِهِ. بَلْ أَكْثَرُ هَذِهِ الْمِلَّةِ مُثْبِتُونَ الْقِيَاسَ الْعَقْلِيَّ، إِلَّا طَائِفَةً مِنَ الْحَشْوِيَّةِ قَلِيلَةً، وَهُمْ مَحْجُوجُونَ بِالنُّصُوصِ.

٨. وَإِذَا تَقَرَّرَ أَنَّهُ يَجِبُ بِالشَّرْعِ النَّظَرُ فِي الْقِيَاسِ الْعَقْلِيِّ وَأَنْوَاعِهِ كَمَا يَجِبُ النَّظَرُ فِي الْقِيَاسِ الْفِقْهِيِّ، فَبَيِّنٌ أَنَّهُ إِنْ كَانَ لَمْ يَتَقَدَّمْ أَحَدٌ مِمَّنْ قَبْلَنَا بِفَحْصٍ عَنِ الْقِيَاسِ الْعَقْلِيِّ وَأَنْوَاعِهِ، أَنَّهُ يَجِبُ عَلَيْنَا أَنْ نَبْتَدِئَ بِالْفَحْصِ عَنْهُ، وَأَنْ يَسْتَعِينَ فِي ذَلِكَ الْمُتَأَخِّرُ بِالْمُتَقَدِّمِ، حَتَّى تَكْمُلَ الْمَعْرِفَةُ بِهِ. فَإِنَّهُ عَسِيرٌ، أَوْ غَيْرُ مُمْكِنٍ، أَنْ يَقِفَ وَاحِدٌ مِنَ النَّاسِ مِنْ تِلْقَائِهِ، وَابْتِدَاءً، عَلَى جَمِيعِ مَا يُحْتَاجُ إِلَيْهِ مِنْ ذَلِكَ، كَمَا أَنَّهُ عَسِيرٌ أَنْ يَسْتَنْبِطَ وَاحِدٌ جَمِيعَ مَا يُحْتَاجُ إِلَيْهِ مِنْ مَعْرِفَةِ أَنْوَاعِ الْقِيَاسِ الْفِقْهِيِّ. بَلْ مَعْرِفَةُ الْقِيَاسِ الْعَقْلِيِّ أَحْرَى بِذَلِكَ.

7. Que ninguém objete que este tipo de estudo do silogismo racional seria uma inovação condenável[12], pelo fato de não ter existido nos primeiros tempos [do Islão][13]; também o estudo do silogismo jurídico e de suas espécies foi concebido após a primeira fase [do Islão], e ele não é visto como uma inovação condenável; da mesma forma, então, devemos acreditar no exame pelo silogismo racional. E, para isso, há uma causa que não é assunto para lembrar [aqui]. Além disso, a maioria [dos membros] de nossa religião perseveram na perspectiva do silogismo racional, salvo uma pequena comunidade de literalistas limitados que se pode refutar com enunciados revelados de sentido unívoco[14].

8. Estando, pois, estabelecido que é obrigatório, segundo a Lei religiosa, o estudo do silogismo racional e de suas espécies, assim como é obrigatório o estudo do silogismo jurídico, é evidente que, se nenhum dos que nos precederam se ocupou do silogismo racional e suas espécies, certamente cabe a nós dar início a essa pesquisa e [cabe] ao pesquisador futuro apoiar-se no pesquisador passado, de modo que esse conhecimento chegue à perfeição. Pois, certamente, seria difícil, ou impossível, que um único homem pudesse conhecer, por si mesmo, e numa primeira abordagem, tudo o que é necessário saber a respeito do assunto, assim como é difícil que alguém, por si só, possa deduzir tudo o que deve saber sobre as espécies de silogismo jurídico; quanto mais isto não será verdade para o conhecimento do silogismo racional!

٩. وَإِنْ كانَ غَيْرُنا قَدْ فَحَصَ عَنْ ذَلِكَ، فَبَيِّنٌ أَنَّهُ يَجِبُ عَلَيْنا أَنْ نَسْتَعِينَ، عَلى ما نَحْنُ بِسَبِيلِهِ، بِما قالَهُ مَنْ تَقَدَّمَنا في ذَلِكَ. وَسَواءٌ كانَ ذَلِكَ الغَيْرُ مُشارِكاً لَنا أَوْ غَيْرَ مُشارِكٍ في المِلَّةِ، فَإِنَّ الآلَةَ الَّتي تَصِحُّ بِها التَّذْكِيَةُ لَيْسَ يُعْتَبَرُ في صِحَّةِ التَّذْكِيَةِ بِها كَوْنُها آلَةً لِمُشارِكٍ لَنا في المِلَّةِ أَوْ غَيْرِ مُشارِكٍ إِذا كانَتْ فيها شُروطُ الصِّحَّةِ. وَأَعْني بِغَيْرِ المُشارِكِ مَنْ نَظَرَ في هَذِهِ الأَشْياءِ مِنَ القُدَماءِ قَبْلَ مِلَّةِ الإِسْلامِ. وَإِذا كانَ الأَمْرُ هَكَذا، وَكانَ كُلُّ ما يُحْتاجُ إِلَيْهِ مِنَ النَّظَرِ في أَمْرِ المَقاييسِ العَقْلِيَّةِ قَدْ فَحَصَ عَنْهُ القُدَماءُ أَتَمَّ فَحْصٍ، فَقَدْ يَنْبَغي أَنْ نَضْرِبَ بِأَيْدِينا إِلى كُتُبِهِمْ، فَنَنْظُرَ فيما قالوهُ مِنْ ذَلِكَ. فَإِنْ كانَ كُلُّهُ صَواباً، قَبِلْناهُ مِنْهُمْ ؛ وَإِنْ كانَ فيهِ ما لَيْسَ بِصَوابٍ، نَبَّهْنا عَلَيْهِ.

١٠. فَإِذا فَرَغْنا مِنْ هَذا الجِنْسِ مِنَ النَّظَرِ، وَحَصَلَتْ عِنْدَنا الآلاتُ الَّتي بِها نَقْدِرُ عَلى الاعْتِبارِ في المَوْجوداتِ وَدَلالَةِ الصَّنْعَةِ فيها - فَإِنَّ مَنْ لا يَعْرِفُ الصَّنْعَةَ لا يَعْرِفُ المَصْنوعَ، وَمَنْ لا يَعْرِفُ المَصْنوعَ لا يَعْرِفُ الصَّانِعَ -، فَقَدْ يَجِبُ أَنْ نَشْرَعَ في الفَحْصِ عَنِ المَوْجوداتِ عَلى التَّرْتيبِ وَالنَّحْوِ الَّذي اسْتَفَدْناهُ مِنْ صِناعَةِ المَعْرِفَةِ بِالمَقاييسِ البُرْهانِيَّةِ.

9. Porém, se outros que não nós já investigaram sobre essa matéria, então é evidente que cabe a nós, em nome daquilo para onde nos encaminhamos, recorrer ao que foi dito a esse respeito por aqueles que nos antecederam[15]. Não importa que estes sejam ou não de nossa religião, [assim como] certamente não se pergunta se o instrumento com o qual se executa o sacrifício ritual pertenceu ou não a um de nossos correligionários, para avaliar a conformidade do sacrifício [tendo em vista as prescrições legais]; a única coisa que importa é que [o instrumento] esteja dentro dos critérios de conformidade. Entendo por "não correligionários" os antigos que se preocuparam com essas questões anteriormente ao Islão[16]. Se se coloca a questão desse modo e se tudo aquilo de que se tem necessidade para o estudo dos silogismos racionais foi realizado da melhor maneira pelos Antigos, então, por certo, é preciso que avidamente tomemos em mãos seus livros, a fim de verificar tudo o que disseram a esse respeito. Se tudo for justo, aceitaremos [o que propõem]; e, se se encontra algo que não seja justo, nós o indicaremos.

10. Quando tivermos esgotado esse tipo de estudo e tivermos obtido meios (instrumentos) pelos quais possamos refletir sobre os seres existentes e sobre a prova de sua perfeita criação – já que aquele que ignora a produção ignora o artefato, e que aquele que não conhece o artefato não conhece o artesão –, então deveremos empreender o estudo dos seres existentes dentro da ordem e conforme o procedimento de que nos beneficiamos, a partir da ciência dos silogismos demonstrativos.

١١. وَبَيَّنَ أَيْضاً أَنَّ هَذا الْغَرَضَ إِنَّما يَتِمُّ لَنا في الْمَوْجوداتِ بِتَداوُلِ الْفَحْصِ عَنْها واحِداً بَعْدَ واحِدٍ، وَأَنْ يَسْتَعينَ في ذَلِكَ الْمُتَأَخِّرُ بِالْمُتَقَدِّمِ، عَلى مِثالِ ما عَرَضَ في عُلومِ التَّعاليمِ. فَإِنَّهُ لَوْ فَرَضْنا صِناعَةَ الْهَنْدَسَةِ في وَقْتِنا هَذا مَعْدومَةً، وَكَذَلِكَ صِناعَةَ عِلْمِ الْهَيْئَةِ، وَرامَ إِنْسانٌ واحِدٌ مِنْ تِلْقاءِ نَفْسِهِ أَنْ يُدْرِكَ مَقاديرَ الأَجْرامِ السَّماوِيَّةِ وَأَشْكالَها، وَأَبْعادَ بَعْضِها عَنْ بَعْضٍ، لَما أَمْكَنَهُ ذَلِكَ - مِثْلَ أَنْ يَعْرِفَ قَدْرَ الشَّمْسِ مِنَ الأَرْضِ، وَغَيْرَ ذَلِكَ مِنْ مَقاديرِ الْكَواكِبِ -، وَلَوْ كانَ أَذْكى النَّاسِ طَبْعاً، إِلا بِوَحْيٍ، أَوْ شَيْءٍ يُشْبِهُ الْوَحْيَ! بَلْ لَوْ قيلَ لَهُ إِنَّ الشَّمْسَ أَعْظَمُ مِنَ الأَرْضِ بِنَحْوِ مِائَةٍ وَخَمْسينَ ضِعْفاً أَوْ سِتِّينَ، لَعَدَّ هَذا الْقَوْلَ جُنوناً مِنْ قائِلِهِ، وَهَذا شَيْءٌ قَدْ قامَ عَلَيْهِ الْبُرْهانُ في عِلْمِ الْهَيْئَةِ قِياماً لا يَشُكُّ فيهِ مَنْ هُوَ مِنْ أَهْلِ ذَلِكَ الْعِلْمِ.

١٢. وَأَمَّا الَّذي أَحْوَجُ في هَذا إِلى التَّمْثيلِ بِصِناعَةِ التَّعاليمِ، فَهَذِهِ صِناعَةُ أُصولِ الْفِقْهِ وَالْفِقْهِ نَفْسِهِ: لَمْ يُكْمَلِ النَّظَرُ فيها إِلا في زَمَنٍ طَويلٍ. وَلَوْ رامَ إِنْسانُ الْيَوْمِ مِنْ تِلْقاءِ نَفْسِهِ أَنْ يَقِفَ عَلى جَميعِ الْحُجَجِ الَّتي اسْتَنْبَطَها النُّظَّارُ مِنْ أَهْلِ الْمَذاهِبِ في مَسائِلِ الْخِلافِ الَّتي وُضِعَتِ الْمُناظَرَةُ فيها بَيْنَهُمْ في مُعْظَمِ بِلادِ الإِسْلامِ، - ما عَدا الْمَغْرِبِ -، لَكانَ أَهْلاً أَنْ يُضْحَكَ مِنْهُ، لِكَوْنِ ذَلِكَ مُمْتَنِعاً في حَقِّهِ، مَعَ وُجودِ ذَلِكَ مَفْروغاً مِنْهُ. وَهَذا أَمْرٌ بَيِّنٌ بِنَفْسِهِ، لَيْسَ في الصَّنائِعِ الْعِلْمِيَّةِ فَقَطْ، بَلْ وَفي الْعَمَلِيَّةِ، فَإِنَّهُ لَيْسَ مِنْها صِناعَةٌ يَقْدِرُ أَنْ يُنْشِئَها

11. É evidente também que nosso alvo, o conhecimento dos seres existentes, não será atingido, a menos que nesse estudo sigam-se etapas sucessivas e que o investigador anterior se apoie em seu antecessor, analogamente ao que acontece nas ciências matemáticas. Suponhamos, por exemplo, que não tenha havido até nossa época a ciência da geometria e tampouco a da astronomia[17], e que um único homem, por si mesmo, pretenda conhecer as dimensões dos corpos celestes e suas formas, bem como as distâncias que os separam uns dos outros; ele seria incapaz disso. Não poderia, por exemplo, conhecer a grandeza do Sol em relação à Terra, nem a grandeza de outros astros, mesmo que fosse naturalmente o mais inteligente dos seres humanos, a menos que fosse por uma inspiração [divina] ou algo que se lhe assemelhe! Mas, se lhe fosse dito que o Sol é maior que a Terra cerca de cento e cinquenta, ou cento e sessenta vezes, ele reputaria como loucura alguém sustentar tal afirmação, ainda que se tratasse de um fato estabelecido em astronomia por meio de uma demonstração que não suscitasse dúvida a nenhum cientista dessa matéria.

12. Quanto à [ciência] que, desse ponto de vista, mais se compara com a matemática, é a ciência dos fundamentos da jurisprudência: seu estudo não se consuma perfeitamente, senão após um longo tempo. E, se um indivíduo, hoje, por sua própria conta, quisesse elaborar o conjunto de argumentações concebidas pelos teóricos das diferentes escolas jurídicas para as questões controversas, objetos de disputa entre eles na maior parte dos países do Islão – com exceção dos do Ocidente muçulmano[18] –, poder-se-ia zombar dele, pois isso lhe seria impossível, além do fato de que tal tarefa já tenha sido realizada. E esta é uma evidência por si mesma, não somente para as ciências teoréticas, mas também para as ciências práticas; não é algo que um homem pudesse

واحِدٌ بِعَيْنِهِ. فَكَيْفَ بِصِناعَةِ الصَّنائِعِ، وَهِيَ الْحِكْمَةُ؟ وَإِذا كانَ هَذا هَكَذا، فَقَدْ يَجِبُ عَلَيْنا، إِنْ أَلْفَيْنا لِمَنْ تَقَدَّمَنا مِنَ الأُمَمِ السَّالِفَةِ نَظَراً في الْمَوْجوداتِ وَاعْتِباراً لَها بِحَسَبِ ما اقْتَضَتْهُ شَرائِطُ الْبُرْهانِ، أَنْ نَنْظُرَ في الَّذي قالوهُ مِنْ ذَلِكَ وَما أَثْبَتوهُ في كُتُبِهِمْ. فَما كانَ مِنْها مُوافِقاً لِلْحَقِّ، قَبِلْناهُ مِنْهُمْ وَسُرِرْنا بِهِ وَشَكَرْناهُمْ عَلَيْهِ؛ وَما كانَ مِنْها غَيْرَ مُوافِقٍ لِلْحَقِّ، نَبَّهْنا عَلَيْهِ وَحَذَّرْنا مِنْهُ، وَعَذَرْناهُمْ.

١٣. فَقَدْ تَبَيَّنَ مِنْ هَذا أَنَّ النَّظَرَ في كُتُبِ الْقُدَماءِ واجِبٌ بِالشَّرْعِ، إِذْ كانَ مَغْزاهُمْ في كُتُبِهِمْ وَمَقْصَدُهُمْ هُوَ الْمَقْصَدُ الَّذي حَثَّنا الشَّرْعُ عَلَيْهِ. وَإِنْ مَنْ نَهَى عَنِ النَّظَرِ فيها مَنْ كانَ أَهْلاً لِلنَّظَرِ فيها – وَهُوَ الَّذي جَمَعَ أَمْرَيْنِ، أَحَدُهُما ذَكاءُ الْفِطْرَةِ وَالثَّاني الْعَدالَةُ الشَّرْعِيَّةُ وَالْفَضيلَةُ الْخُلُقِيَّةُ –، فَقَدْ صَدَّ النَّاسَ عَنِ الْبابِ الَّذي دَعا الشَّرْعُ مِنْهُ النَّاسَ إِلى مَعْرِفَةِ اللهِ، وَهُوَ بابُ النَّظَرِ الْمُؤَدّي إِلى مَعْرِفَتِهِ حَقَّ الْمَعْرِفَةِ، وَذَلِكَ غايَةُ الْجَهْلِ وَالْبُعْدِ عَنِ اللهِ – تَعالى.

conceber por si só. O que dizer então da ciência das ciências, a filosofia[19]? Posto que seja assim, é preciso que nós – certamente se nossos predecessores, entre os povos antigos, procederam ao exame racional dos seres existentes e refletiram sobre eles de modo compatível com as condições exigidas pela demonstração – estudemos o que eles disseram a esse respeito e que permanece em seus escritos. Nós aceitaremos, da parte deles, aquilo que corresponde à verdade, nos rejubilaremos e lhes seremos gratos por isso; quanto ao que não estiver em conformidade com a verdade, chamaremos a atenção e advertiremos [as pessoas] para que se precavenham e desculparemos seus autores.

13. Tornou-se evidente, a partir daí, que o estudo da obra dos Antigos é obrigatório pela Lei religiosa, pois que a intenção de seus escritos e o propósito deles são o mesmo propósito que a Lei pressupõe para se enraizar. Daí, qualquer um que proíba esse estudo a alguém que está apto a ele – quer dizer, alguém que reúne duas qualidades, sendo uma delas a inteligência inata[20] e a outra, a honorabilidade legal[21] e a virtude moral – impede aos homens o acesso à porta através da qual a Lei religiosa conduz os homens ao conhecimento de Deus, quer dizer, a porta do exame racional que leva ao verdadeiro conhecimento de Deus; e isto é o cúmulo da ignorância e do distanciamento de Deus, O Altíssimo.

١٤. وَلَيْسَ يَلْزَمُ مِنْ أَنَّهُ، إِنْ غَوَى غَاوٍ بِالنَّظَرِ فِيهَا، وَزَلَّ زَالٌّ، إِمَّا مِنْ قِبَلِ نَقْصِ فِطْرَتِهِ، وَإِمَّا مِنْ قِبَلِ سُوءِ تَرْتِيبِ نَظَرِهِ فِيهَا، أَوْ مِنْ قِبَلِ غَلَبَةِ شَهَوَاتِهِ عَلَيْهِ، أَوْ أَنَّهُ لَمْ يَجِدْ مُعَلِّماً يُرْشِدُهُ إِلَى فَهْمِ مَا فِيهَا، أَوْ مِنْ قِبَلِ اجْتِمَاعِ هَذِهِ الْأَسْبَابِ فِيهِ أَوْ أَكْثَرَ مِنْ وَاحِدٍ مِنْهَا، أَنْ نَمْنَعَهَا عَنِ الَّذِي هُوَ أَهْلٌ لِلنَّظَرِ فِيهَا. فَإِنَّ هَذَا النَّحْوَ مِنَ الضَّرَرِ الدَّاخِلِ مِنْ قِبَلِهَا هُوَ شَيْءٌ لَحِقَهَا بِالْعَرَضِ، لَا بِالذَّاتِ. وَلَيْسَ يَجِبُ فِيمَا كَانَ نَافِعاً بِطِبَاعِهِ وَذَاتِهِ أَنْ يُتْرَكَ لِمَكَانِ مَضَرَّةٍ مَوْجُودَةٍ فِيهِ بِالْعَرَضِ. وَلِذَلِكَ قَالَ - عَلَيْهِ السَّلَامُ - لِلَّذِي أَمَرَهُ بِسَقْيِ الْعَسَلِ أَخَاهُ لِإِسْهَالٍ كَانَ بِهِ، فَتَزَيَّدَ الْإِسْهَالُ بِهِ لَمَّا سَقَاهُ الْعَسَلَ، وَشَكَا ذَلِكَ إِلَيْهِ: «صَدَقَ اللَّهُ وَكَذَبَ بَطْنُ أَخِيكَ».

١٥. بَلْ نَقُولُ: إِنَّ مَثَلَ مَنْ مَنَعَ النَّظَرَ فِي كُتُبِ الْحِكْمَةِ مَنْ هُوَ أَهْلٌ لَهَا مِنْ أَجْلِ أَنَّ قَوْماً مِنْ أَرَاذِلِ النَّاسِ قَدْ يُظَنُّ بِهِمْ أَنَّهُمْ ضَلُّوا مِنْ قِبَلِ نَظَرِهِمْ فِيهَا، مَثَلُ مَنْ مَنَعَ الْعَطْشَانَ شَرْبَ الْمَاءِ الْبَارِدِ الْعَذْبِ، حَتَّى مَاتَ مِنَ الْعَطَشِ، لِأَنَّ قَوْماً شَرِقُوا بِهِ فَمَاتُوا. فَإِنَّ الْمَوْتَ عَنِ الْمَاءِ بِالشَّرَقِ أَمْرٌ عَارِضٌ، وَعَنِ الْعَطَشِ أَمْرٌ ذَاتِيٌّ وَضَرُورِيٌّ. وَهَذَا الَّذِي عَرَضَ لِهَذِهِ الصِّنَاعَةِ هُوَ شَيْءٌ عَارِضٌ لِسَائِرِ الصَّنَائِعِ. فَكَمْ مِنْ فَقِيهٍ كَانَ الْفِقْهُ سَبَباً لِقِلَّةِ تَوَرُّعِهِ وَخَوْضِهِ فِي الدُّنْيَا ! بَلْ أَكْثَرُ الْفُقَهَاءِ

14. Ainda que alguém falhe ou cometa erros no estudo destes escritos, quer seja por falta de capacidade inata, ou por falta de disciplina lógica ao abordá-la, ou por sucumbir às paixões; quer seja por não ter encontrado um mestre que o tenha orientado na compreensão de seu conteúdo, quer seja por causa de todas essas razões ao mesmo tempo, ou, mais intensamente, por uma entre elas, não se deve proibir o acesso a esses escritos ao homem que está apto a estudá-los, pois que é acidentalmente, e não essencialmente, que esse tipo de inconveniente ocorre por causa dos escritos; de modo que não há razão pela qual se deva desprezar algo benéfico por natureza e por essência, por nele haver inconveniente por acidente. É por isso que disse o Profeta – que a paz recaia sobre ele – ao homem a quem ordenara dar mel a seu irmão acometido de diarreia e, tendo a diarreia aumentado após tomar o mel, queixou-se para ele: "Deus está com a verdade, o ventre de teu irmão é que mentiu."[22]

15. Dizemos ainda: proibir o estudo das obras de filosofia a quem está apto para fazê-lo, com o pretexto de que terá sido por causa do estudo dessas obras que alguns homens, entre os mais abjetos, desviaram-se do reto caminho, equivale a proibir o sedento de beber água fresca e agradável até que morra de sede, pelo motivo de que outros que dela beberam engasgaram-se e morreram. Na verdade, a morte que resulta do engasgamento que a água possa produzir é de caráter acidental, enquanto a que decorre da sede é de caráter essencial e necessário. Os acidentes que podem decorrer desta ciência (a filosofia) podem, muito naturalmente, decorrer de todas as outras ciências.

Quantos jurisconsultos, para quem sua ciência foi causa de pecarem contra a continência, mergulharam na vida

كَذَلِكَ نَجِدُهُمْ، وَصِناعَتُهُمْ إِنَّما تَقْتَضي بِالذَّاتِ الْفَضيلَةَ الْعَمَلِيَّةَ. فَإِذَنْ، لا يَبْعُدُ أَنْ يَعْرِضَ في الصِّناعَةِ الَّتي تَقْتَضي الْفَضيلَةَ الْعِلْمِيَّةَ ما عَرَضَ في الصِّناعَةِ الَّتي تَقْتَضي الْفَضيلَةَ الْعَمَلِيَّةَ.

١٦. وَإِذا تَقَرَّرَ هَذا كُلُّهُ، وكُنَّا نَعْتَقِدُ، مَعْشَرَ الْمُسْلِمينَ، أَنَّ شَريعَتَنا هَذِهِ الْإِلَهِيَّةَ حَقٌّ، وَأَنَّها الَّتي نَبَّهَتْ عَلى هَذِهِ السَّعادَةِ وَدَعَتْ إِلَيْها، الَّتي هِيَ الْمَعْرِفَةُ بِاللهِ – عَزَّ وَجَلَّ – وَبِمَخْلوقاتِهِ، فَإِنَّ ذَلِكَ مُتَقَرِّرٌ عِنْدَ كُلِّ مُسْلِمٍ مِنَ الطَّريقِ الَّذي اقْتَضَتْهُ جِبِلَّتُهُ وَطَبيعَتُهُ مِنَ التَّصْديقِ. وَذَلِكَ أَنَّ طِباعَ النَّاسِ مُتَفاضِلَةٌ في التَّصْديقِ : فَمِنْهُمْ مَنْ يُصَدِّقُ بِالْبُرْهانِ ؛ وَمِنْهُمْ مَنْ يُصَدِّقُ بِالْأَقاويلِ الْجَدَلِيَّةِ تَصْديقَ صاحِبِ الْبُرْهانِ بِالْبُرْهانِ، إِذْ لَيْسَ في طِباعِهِ أَكْثَرُ مِنْ ذَلِكَ ؛ وَمِنْهُمْ مَنْ يُصَدِّقُ بِالْأَقاويلِ الْخَطابِيَّةِ كَتَصْديقِ صاحِبِ الْبُرْهانِ بِالْأَقاويلِ الْبُرْهانِيَّةِ.

mundana! E este é o caso da maior parte entre os jurisconsultos, ainda que sua ciência requeira, por essência, a virtude prática. Eis por que é lícito dizer que o que advenha de uma ciência que requer a virtude intelectual é suscetível de advir também de uma ciência que requer a virtude prática.

16. Se tudo isso está bem estabelecido e se estamos persuadidos, enquanto muçulmanos, de que esta nossa Lei divina é a verdade, e que é ela que alerta e convoca a essa felicidade que é o conhecimento de Deus – Poderoso e pleno de Majestade – e de Suas criaturas, é porque esta [convicção] se estabelece para cada muçulmano pelo meio próprio a produzir seu assentimento[23], determinado pela natureza de cada um. De fato, existe diversificação das naturezas humanas no que toca ao assentimento: há os que assentem pela demonstração; outros que assentem por meio dos argumentos dialéticos, semelhante ao assentimento da demonstração, pois suas naturezas não os dispõem para mais do que isso; e há os que assentem pelos argumentos retóricos, assentimento semelhante ao dos que assentem à demonstração por argumentos demonstrativos.

١٧. وَذَلِكَ أَنَّهُ، لَمَّا كَانَتْ شَرِيعَتُنَا هَذِهِ الإِلَهِيَّةُ قَدْ دَعَتِ النَّاسَ مِنْ هَذِهِ الطُّرُقِ الثَّلاثِ، عَمَّ التَّصْدِيقُ بِهَا كُلَّ إِنْسَانٍ، إِلَّا مَنْ جَحَدَهَا عِنَادًا بِلِسَانِهِ، أَوْ لَمْ تَتَقَرَّرْ عِنْدَهُ طُرُقُ الدُّعَاءِ فِيهَا إِلَى اللَّهِ - تَعَالَى -، لِإِغْفَالِهِ ذَلِكَ مِنْ نَفْسِهِ. وَلِذَلِكَ خُصَّ - عَلَيْهِ السَّلامُ - بِالْبَعْثِ إِلَى الأَحْمَرِ وَالأَسْوَدِ، أَعْنِي لِتَضَمُّنِ شَرِيعَتِهِ طُرُقَ الدُّعَاءِ إِلَى اللَّهِ - تَعَالَى. وَذَلِكَ صَرِيحٌ فِي قَوْلِهِ - تَعَالَى - : «ادْعُ إِلَى سَبِيلِ رَبِّكَ بِالْحِكْمَةِ وَالْمَوْعِظَةِ الْحَسَنَةِ وَجَادِلْهُمْ بِالَّتِي هِيَ أَحْسَنُ».

١٨. وَإِذَا كَانَتْ هَذِهِ الشَّرِيعَةُ حَقًّا، وَدَاعِيَةً إِلَى النَّظَرِ الْمُؤَدِّي إِلَى مَعْرِفَةِ الْحَقِّ، فَإِنَّا، مَعْشَرَ الْمُسْلِمِينَ، نَعْلَمُ عَلَى الْقَطْعِ أَنَّهُ لا يُؤَدِّي النَّظَرُ الْبُرْهَانِيُّ إِلَى مُخَالَفَةِ مَا وَرَدَ بِهِ الشَّرْعُ : فَإِنَّ الْحَقَّ لا يُضَادُّ الْحَقَّ، بَلْ يُوَافِقُهُ وَيَشْهَدُ لَهُ.

17. Assim, como nossa Lei divina convoca os homens por meio destes três caminhos, deve ser generalizado o assentimento de toda a gente, exceção feita àqueles que a renegam obstinadamente em sua palavra, ou àqueles que (por sua própria negligência) não têm estabelecidos os caminhos que levam ao conhecimento de Deus – O Altíssimo. Por isso, a missão do Profeta – sobre ele recaia a paz – possui a particularidade de ser dirigida a todo homem, branco e negro[24], quero dizer, em virtude de reunir à Lei islâmica todos os meios para a aproximação de Deus, O Altíssimo. Isto está bem explícito em sua palavra: "Convoque [os homens] ao caminho de teu Senhor, pela sabedoria e pela boa exortação, e discuta com eles do melhor modo."[25]

18. E se a Lei divina é a verdade, e se ela convida a praticar o exame racional que leva ao conhecimento da verdade, então, certamente, nós, a comunidade dos muçulmanos, estamos convencidos de que a especulação demonstrativa não pode conduzir a conclusões diferentes daquelas contidas na Lei, já que a verdade não contraria a verdade, mas concorda com ela e dá testemunho em favor dela.

١٩. وَإِذَا كانَ هَذا هَكَذا، فَإِنْ أَدَّى النَّظَرُ البُرْهانِيُّ إِلى نَحْوٍ ما مِنَ المَعْرِفَةِ بِمَوْجودٍ ما، فَلا يَخْلو ذَلِكَ المَوْجودُ أَنْ يَكونَ قَدْ سُكِتَ عَنْهُ في الشَّرْعِ، أَوْ عُرِّفَ بِهِ. فَإِنْ كانَ مِمّا قَدْ سُكِتَ عَنْهُ، فَلا تَعارُضَ هُنالِكَ، وَهُوَ بِمَنْزِلَةِ ما سُكِتَ عَنْهُ مِنَ الأَحْكامِ فَاسْتَنْبَطَها الفَقيهُ بِالقِياسِ الشَّرْعِيِّ. وَإِنْ كانَتْ نَطَقَتْ بِهِ الشَّريعَةُ، فَلا يَخْلو ظاهِرُ النُّطْقِ أَنْ يَكونَ مُوافِقاً لِما أَدَّى إِلَيْهِ البُرْهانُ فيهِ، أَوْ مُخالِفاً. فَإِنْ كانَ مُوافِقاً، فَلا قَوْلَ هُنالِكَ. وَإِنْ كانَ مُخالِفاً، طُلِبَ هُنالِكَ تَأْويلُهُ.

٢٠. وَمَعْنى التَّأْويلِ هُوَ إِخْراجُ دَلالَةِ اللَّفْظِ مِنَ الدَّلالَةِ الحَقيقِيَّةِ إِلى الدَّلالَةِ المَجازِيَّةِ، مِنْ غَيْرِ أَنْ يُخَلَّ في ذَلِكَ بِعادَةِ لِسانِ العَرَبِ في التَّجَوُّزِ مِنْ تَسْمِيَةِ الشَّيْءِ بِشَبيهِهِ، أَوْ بِسَبَبِهِ، أَوْ لاحِقِهِ، أَوْ مُقارِنِهِ، أَوْ غَيْرِ ذَلِكَ مِنَ الأَشْياءِ الَّتي عُدِّدَتْ في تَعْريفِ أَصْنافِ الكَلامِ المَجازِيِّ. وَإِذا كانَ الفَقيهُ يَفْعَلُ هَذا في كَثيرٍ مِنَ الأَحْكامِ الشَّرْعِيَّةِ، فَكَمْ بِالحَرِيِّ أَنْ يَفْعَلَ ذَلِكَ صاحِبُ عِلْمِ البُرْهانِ. فَإِنَّ الفَقيهَ إِنَّما عِنْدَهُ قِياسٌ ظَنِّيٌّ، وَالعارِفُ عِنْدَهُ قِياسٌ يَقينِيٌّ.

19. Se isso é assim e se a especulação demonstrativa leva a um conhecimento qualquer sobre qualquer ser, não se pode fugir ao fato de que ou esse ser real é ignorado na Lei, ou sobre ele se enuncia algum conhecimento. Se é ignorado, não há lugar para contradição e o caso equivale ao dos estatutos legais não editados pela Lei religiosa, mas que o jurisconsulto deduz por silogismo da Lei. Se, entretanto, a Lei religiosa o menciona, das duas, uma: ou o sentido aparente (óbvio) da conclusão corresponde ao resultado da demonstração, ou o contradiz. Se lhe corresponde, nada há a dizer; e, se o contradiz, há necessidade de interpretar o sentido óbvio[26].

20. O sentido de "interpretação" é a transferência do significado da palavra de seu sentido próprio para seu sentido figurado, sem, com isso, abdicar do emprego figurado da língua árabe, segundo o qual se pode designar uma coisa por seu sinônimo, sua causa, seu efeito, sua proximidade, ou por outras coisas referidas que fazem parte das espécies de figuras. Se o jurisconsulto assim procede em numerosos casos para estabelecer estatutos jurídicos, aquele que pratica a ciência demonstrativa tem ainda mais razão de fazer o mesmo. Pois o jurisconsulto utiliza-se de um silogismo de caráter opinativo, enquanto aquele que é sábio (que conhece verdadeiramente Deus) utiliza-se de um silogismo baseado na certeza[27].

٢١. وَنَحْنُ نَقْطَعُ قَطْعاً أَنَّ كُلَّ ما أَدَّى إِلَيْهِ البُرْهانُ وَخالَفَهُ ظاهِرُ الشَّرْع، أَنَّ ذَلِكَ الظاهِرَ يَقْبَلَ التَّأْويلَ عَلى قانونِ التَّأْويلِ الْعَرَبِيِّ. وَهَذِهِ الْقَضِيَّةُ لا يَشُكُّ فيها مُسْلِمٌ، وَلا يَرْتابُ بِها مُؤْمِنٌ. وَما أَعْظَمَ ازْدِيادَ الْيَقينِ بِها عِنْدَ مَنْ زاوَلَ هَذا الْمَعْنى وَجَرَّبَهُ، وَقَصَدَ هَذا الْمَقْصِدَ مِنَ الْجَمْعِ بَيْنَ الْمَعْقولِ وَالْمَنْقولِ!

٢٢. بَلْ نَقولُ إِنَّهُ ما مِنْ مَنْطوقٍ بِهِ في الشَّرْعِ مُخالِفٍ بِظاهِرِهِ لِما أَدَّى إِلَيْهِ البُرْهانُ، إِلا إِذا اعْتُبِرَ الشَّرْعُ وَتُصُفِّحَتْ سائِرُ أَجْزائِهِ، وُجِدَ في أَلْفاظِ الشَّرْعِ ما يَشْهَدُ بِظاهِرِهِ لِذَلِكَ التَّأْويلِ، أَوْ يُقارِبُ أَنْ يَشْهَدَ. وَلِهَذا الْمَعْنى أَجْمَعَ الْمُسْلِمونَ عَلى أَنَّهُ لَيْسَ يَجِبُ أَنْ تُحْمَلَ أَلْفاظُ الشَّرْعِ كُلُّها عَلى ظاهِرِها، وَلا أَنْ تُخْرَجَ كُلُّها عَنْ ظاهِرِها بِالتَّأْويلِ؛ وَاخْتَلَفوا في الْمُؤَوَّلِ مِنْها مِنْ غَيْرِ الْمُؤَوَّلِ. فَالأَشْعَرِيّونَ مَثَلاً يَتَأَوَّلونَ آيَةَ الاسْتِواءِ وَحَديثَ النُّزولِ، وَالْحَنابِلَةُ تَحْمِلُ ذَلِكَ عَلى ظاهِرِهِ.

21. Afirmamos com veemência que, onde houver contradição entre um resultado de demonstração e o sentido óbvio de um enunciado da Lei religiosa, este enunciado é suscetível de interpretação, conforme regras de interpretação da língua árabe. Esse é um fato sobre o qual nenhum muçulmano tem dúvidas e que não suscita hesitação alguma no crente. Como é crescente a certeza de que esse fato é verdadeiro naquele que está ligado a essa ideia e que a experimentou e aí se fixou pelo propósito de conciliar o conhecimento racional e o conhecimento revelado!

22. Dizemos ainda mais, que não há enunciado da Lei cujo sentido literal esteja em contradição com os resultados da demonstração, sem que se possa encontrar – por meio do exame indutivo da totalidade dos enunciados particulares da Lei religiosa – outro enunciado cujo sentido literal confirme a [justeza] da interpretação ou, ao menos, dela se avizinhe bastante. Eis por que há consenso entre os muçulmanos quanto a considerar que os enunciados literais da Lei não devem ser tomados todos em seu sentido aparente (óbvio), e que nem todos devem extrapolar o sentido óbvio pela interpretação; e há divergência quanto a saber quais enunciados devem ser interpretados e quais não. Os ash'arītas[28], por exemplo, interpretam o versículo que evoca que Deus está sentado [no trono][29] e o *hadīth* (tradição), que evoca a descida [de Deus], enquanto os hanbalitas[30] lhes atribuem o sentido literal.

٢٣. وَالسَّبَبُ في وُرودِ الشَّرْعِ فيهِ الظَّاهِرُ وَالْباطِنُ هُوَ اخْتِلافُ فِطَرِ النّاسِ وَتَبايُنُ قَرائِحِهِمْ في التَّصديقِ. وَالسَّبَبُ في وُرودِ الظَّواهِرِ الْمُتَعارِضَةِ فيهِ هُوَ تَنْبيهُ الـ«رّاسِخينَ في الْعِلْمِ» عَلى التَّأويلِ الْجامِعِ بَيْنَها. وَإِلى هَذا الْمَعْنى وَرَدَتِ الإشارَةُ بِقَوْلِهِ – تَعالى: «هُوَ الَّذي أَنْزَلَ عَلَيْكَ الْكِتابَ مِنْـهُ آيـاتٌ مُحْكَمـاتٌ [...]»، إلـى قَوْلِـهِ: «وَالرّاسِخُونَ في العِلْمِ».

٢٤. فَإِنْ قالَ قائِلٌ: إِنَّ في الشَّرْعِ أَشْياءَ قَدْ أَجْمَعَ الْمُسْلِمونَ عَلى حَمْلِها عَلى ظَواهِرِها، وَأَشْياءَ عَلى تَأْويلِها، وَأَشْياءَ اخْتَلَفوا فيها؛ فَهَلْ يَجوزُ أَنْ يُؤَدِّيَ الْبُرْهانُ إِلى تَأْويلِ ما أَجْمَعوا عَلى ظاهِرِهِ، أَوْ ظاهِرِ ما أَجْمَعوا عَلى تَأْويلِهِ؟ قُلْنا: أَمّا لَوْ ثَبَتَ الإجْماعُ بِطَريقٍ يَقينِيٍّ، فَلَمْ يَصِحَّ. وَأَمّا إِنْ كانَ الإجْماعُ فيها ظَنِّيّاً، فَقَدْ يَصِحُّ. وَلِذَلِكَ قـالَ أَبـو حامِدٍ، وَأَبو الْمَعالي، وَغَيْرُهُما مِنْ أَئِمَّةِ النَّظَرِ، إِنَّهُ لا يُقْطَعُ بِكُفْـرِ مَنْ خَرَقَ الإجْماعَ في التَّأْويلِ في أَمْثالِ هَذِهِ الأَشْياءِ.

23. O motivo pelo qual a Lei religiosa comporta enunciados de sentido literal e outros de sentido metafórico é que os homens se distinguem por sua disposição inata e diferem quanto à aptidão mental ao assentimento. E, se se encontram enunciados contraditórios tomados em seu sentido literal, é para assinalar aos "homens arraigados na ciência" que é possível interpretar esses enunciados, a fim de conciliá-los. É a isso que faz alusão o enunciado divino: "É Ele que fez descer a ti o Livro." Encontram-se aí versos unívocos (...) até o dito: "e os homens arraigados na ciência"[31].

24. Então, se se considera a objeção: há na Lei religiosa enunciados em relação aos quais os muçulmanos concordam, por consenso, em atribuir um sentido óbvio; outros, em relação aos quais, concordam quanto a interpretá-los; outros a propósito dos quais há divergência – é lícito, pois, que o processo demonstrativo leve a interpretar um enunciado em relação ao qual, por consenso, se atribui sentido literal, ou atribuir um sentido literal a um enunciado que se concorda em interpretar[32]? Respondemos: se o consenso é obtido por meio correto, não é lícito. Porém, se o consenso existente é opinativo (conjectural), ele é, sem dúvida, lícito. Por isso, Abū Ḥāmīd (Al-Ghazalī)[33], Abu Al Ma'alī (Al-Juwaynī)[34] e outras autoridades em matéria de exame racional afirmam que não se pode acusar, sem mais, de infidelidade alguém que rompa o consenso a respeito da interpretação dessa espécie de enunciados[35].

٢٥. وَقَدْ يَدُلُّكَ عَلَى أَنَّ الإِجْمَاعَ لا يَتَقَرَّرُ فِي النَّظَرِيَّاتِ بِطَرِيقٍ يَقِينِيٍّ كَمَا يُمْكِنُ أَنْ يَتَقَرَّرَ فِي الْعَمَلِيَّاتِ، أَنَّهُ لَيْسَ يُمْكِنُ أَنْ يَتَقَرَّرَ الإِجْمَاعُ فِي مَسْأَلَةٍ مَا فِي عَصْرٍ مَا إِلا بِأَنْ يَكُونَ ذَلِكَ الْعَصْرُ عِنْدَنَا مَحْصُوراً، وَأَنْ يَكُونَ جَمِيعُ الْعُلَمَاءِ الْمَوْجُودِينَ فِي ذَلِكَ الْعَصْرِ مَعْلُومِينَ عِنْدَنَا، أَعْنِي مَعْلُوماً أَشْخَاصُهُمْ وَمَبْلَغَ عَدَدِهِمْ، وَأَنْ يُنْقَلَ إِلَيْنَا فِي الْمَسْأَلَةِ مَذْهَبُ كُلِّ وَاحِدٍ مِنْهُمْ نَقْلَ تَوَاتُرٍ، وَيَكُونَ مَعَ هَذَا كُلِّهِ قَدْ صَحَّ عِنْدَنَا أَنَّ الْعُلَمَاءَ الْمَوْجُودِينَ فِي ذَلِكَ الزَّمَانِ مُتَّفِقُونَ عَلَى أَنَّهُ لَيْسَ فِي الشَّرْعِ ظَاهِرٌ وَبَاطِنٌ، وَأَنَّ الْعِلْمَ بِكُلِّ مَسْأَلَةٍ يَجِبُ أَنْ لا يُكْتَمَ عَنْ أَحَدٍ، وَأَنَّ النَّاسَ طَرِيقُهُمْ وَاحِدٌ فِي عِلْمِ الشَّرِيعَةِ.

٢٦. وَأَمَّا كَثِيرٌ مِنَ الصَّدْرِ الأَوَّلِ، فَقَدْ نُقِلَ عَنْهُمْ أَنَّهُمْ كَانُوا يَرَوْنَ أَنَّ لِلشَّرْعِ ظَاهِراً وَبَاطِناً، وَأَنَّهُ لَيْسَ يَجِبُ أَنْ يَعْلَمَ بِالْبَاطِنِ مَنْ لَيْسَ مِنْ أَهْلِ الْعِلْمِ بِهِ وَلا يَقْدِرُ عَلَى فَهْمِهِ، مِثْلَ مَا رَوَى الْبُخَارِيُّ عَنْ عَلِيِّ بْنِ أَبِي طَالِبٍ -رَضِيَ اللَّهُ عَنْهُ- أَنَّهُ قَالَ: «حَدِّثُوا النَّاسَ بِمَا يَعْرِفُونَ. أَتُرِيدُونَ أَنْ يُكَذَّبَ اللَّهُ وَرَسُولُهُ؟»، وَمِثْلَ مَا رُوِيَ مِنْ ذَلِكَ عَنْ جَمَاعَةٍ مِنَ السَّلَفِ. فَكَيْفَ يُمْكِنُ أَنْ يُتَصَوَّرَ إِجْمَاعٌ مَنْقُولٌ إِلَيْنَا عَنْ مَسْأَلَةٍ مِنَ الْمَسَائِلِ النَّظَرِيَّةِ، وَنَحْنُ نَعْلَمُ قَطْعاً أَنَّهُ لا يَخْلُو عَصْرٌ مِنَ الأَعْصَارِ مِنْ عُلَمَاءَ يَرَوْنَ أَنَّ فِي الشَّرْعِ أَشْيَاءَ لا يَنْبَغِي أَنْ يَعْلَمَ بِحَقِيقَتِهَا جَمِيعُ النَّاسِ؟ وَذَلِكَ بِخِلافِ مَا عَرَضَ فِي الْعَمَلِيَّاتِ، فَإِنَّ

25. Na verdade, bastará – para provar que não se pode estabelecer de modo certo a evidência de um consenso sobre questões teóricas, como, ao contrário, é possível para questões práticas – dizer que é impossível estabelecer a existência de um consenso sobre uma determinada questão em uma época determinada, sem que esta época esteja exatamente circunscrita; sem conhecer, seja individualmente, seja no seu conjunto, a totalidade dos sábios que nela viveram; sem que a posição de cada um deles, concernente à questão, nos tenha sido transmitida por múltiplas vias[36]. Mas é preciso, além disso, que seja averiguado se os sábios que viviam nessa época concordavam em pensar que a Lei religiosa não compreende um sentido aparente e um outro velado, que qualquer conhecimento sobre qualquer questão que seja não deve ser velado a ninguém, e que todos devem ter acesso segundo um único e mesmo caminho para o conhecimento da Lei.

26. Ora, sabe-se, por meio da tradição, que muitos [muçulmanos] dos primeiros tempos do Islão acreditavam que a Lei religiosa possuía um sentido aparente e um oculto[37]; e que o sentido velado não devia ser conhecido pelos homens não dotados de ciência e, portanto, incapazes de compreendê-lo, como prova o dito de Ali ben Abi Taleb[38] – que Deus esteja com ele satisfeito –, lembrado por Al-Boukharī[39]: "Falai aos homens sobre o que eles conhecem. Quereis vós que se considerem como desmentidos Deus e seu Profeta?"[40], e, como esta, outras referências há, de mesmo teor, de muitos dos primeiríssimos (fiéis).

Como se pode imaginar então que pudesse chegar a nós, pela tradição, um consenso sobre uma questão teórica qualquer, sabendo muito bem que em toda época não faltaram sábios que julgassem que a religião comporta certas coisas cujo verdadeiro significado não deve ser conhecido pela totalidade dos homens? E isso, ao contrário do que aconteceu com o

النَّاسَ كُلَّهُمْ يَرَوْنَ إِفْشَاءَهَا لِجَمِيعِ النَّاسِ عَلَى السَّوَاءِ، وَنَكْتَفِي بِحُصُولِ الإِجْمَاعِ فِيهَا بِأَنْ تَنْتَشِرَ الْمَسْأَلَةُ، فَلَا يُنْقَلَ إِلَيْنَا فِيهَا خِلَافٌ. فَإِنَّ هَذَا كَافٍ فِي حُصُولِ الإِجْمَاعِ فِي الْعَمَلِيَّاتِ، بِخِلَافِ الأَمْرِ فِي الْعِلْمِيَّاتِ.

٢٧. فَإِنْ قُلْتَ : فَإِذَا لَمْ يَجِبُ التَّكْفِيرُ بِخَرْقِ الإِجْمَاعِ فِي التَّأْوِيلِ إِذْ لَا يُتَصَوَّرُ فِي ذَلِكَ إِجْمَاعٌ، فَمَا تَقُولُ فِي الْفَلَاسِفَةِ مِنْ أَهْلِ الإِسْلَامِ، كَأَبِي نَصْرٍ وَابْنِ سِينَا ؟ فَإِنَّ أَبَا حَامِدٍ قَدْ قَطَعَ بِتَكْفِيرِهِمَا فِي كِتَابِهِ الْمَعْرُوفِ بِـ **التهافت** فِي ثَلَاثِ مَسَائِلَ : فِي الْقَوْلِ بِقِدَمِ الْعَالَمِ ؛ وَبِأَنَّهُ – تَعَالَى – لَا يَعْلَمُ الْجُزْئِيَّاتِ – تَعَالَى عَنْ ذَلِكَ ؛ وَفِي تَأْوِيلِ مَا جَاءَ فِي حَشْرِ الأَجْسَادِ وَأَحْوَالِ الْمَعَادِ. قُلْنَا : الظَّاهِرُ مِنْ قَوْلِهِ فِي ذَلِكَ أَنَّهُ لَيْسَ تَكْفِيرُهُ إِيَّاهُمَا فِي ذَلِكَ قَطْعاً، إِذْ قَدْ صَرَّحَ فِي كِتَابِ **التفرقة** أَنَّ التَّكْفِيرَ بِخَرْقِ الإِجْمَاعِ فِيهِ احْتِمَالٌ.

conhecimento religioso prático, que – todos concordam – deve ser difundido indiferentemente a cada um, e basta-nos, a esse respeito, que se chegue a um consenso que implique a difusão de uma dada posição doutrinal, sem que seja transmitida, a esse propósito, a existência de nenhuma divergência: isso é suficiente para estabelecer um consenso com referência a questões religiosas práticas, ao contrário do que ocorre em relação às questões teóricas.

27. Se se objeta: uma vez que não se pode acusar de infidelidade alguém que infringe o consenso comunitário, a propósito de uma interpretação, não se configurando nesse caso um consenso, o que dizer, então, dos filósofos muçulmanos como Abū Naṣr (Al-Fārābī)[41] e Ibn Sīnā (Avicena)[42]? Entretanto, Abū Ḥāmīd concluiu categoricamente sobre a infidelidade deles em seu conhecido livro *A incoerência*[43] (dos filósofos), quanto a três questões: a tese da eternidade do mundo; o não conhecimento dos particulares por parte de Deus – Glorificado seja – mas O Altíssimo está muito acima de tudo isso; e quanto à interpretação dos enunciados revelados a respeito da ressurreição dos corpos e das modalidades da vida futura. Dizemos, pois: o que se deduz sobre o que ele diz a respeito do assunto é que, quando ele os tachava de infidelidade, não o fazia de modo categórico, já que ele declara no livro da *Distinção*[44] (o marco que distingue a crença da descrença) que a qualificação de infidelidade por ruptura de consenso não seja categórica[45].

٢٨. وَقَدْ تَبَيَّنَ مِنْ قَوْلِنَا أَنَّهُ لَيْسَ يُمْكِنُ أَنْ يَتَقَرَّرَ إِجْمَاعٌ فِي أَمْثَالِ هَذِهِ الْمَسَائِلِ، لِمَا رُوِيَ عَنْ كَثِيرٍ مِنَ السَّلَفِ الأوّلِ - فَضْلاً عَنْ غَيْرِهِمْ -، أَنَّ هَهُنَا تَأْوِيلاتٍ يَجِبُ أَنْ لا يُفْصَحَ بِهَا إِلا لِمَنْ هُوَ مِنْ أَهْلِ التَّأْوِيلِ، وَهُمُ الـ«رَّاسِخونَ فِي الْعِلْمِ» : لِأَنَّ الاخْتِيَارَ عِنْدَنَا هُوَ الْوُقُوفُ عَلَى قَوْلِهِ - تَعَالَى - «وَالرَّاسِخونَ فِي الْعِلْمِ». لِأَنَّهُ، إِذَا لَمْ يَكُنْ أَهْلُ الْعِلْمِ يَعْلَمُونَ التَّأْوِيلَ، لَمْ تَكُنْ عِنْدَهُمْ مَزِيَّةُ تَصْدِيقٍ تُوجِبُ لَهُمْ مِنَ الإِيمَانِ بِهِ مَا لا يوجَدُ عِنْدَ غَيْرِ أَهْلِ الْعِلْمِ. وَقَدْ وَصَفَهُمُ اللَّهُ بِأَنَّهُمْ «الْمُؤْمِنُونَ بِهِ»، وَهَذَا إِنَّمَا يُحْمَلُ عَلَى الإِيمَانِ الَّذِي يَكُونُ مِنْ قِبَلِ الْبُرْهَانِ، وَهَذَا لا يَكُونُ إِلا مَعَ الْعِلْمِ بِالتَّأْوِيلِ. فَإِنَّ غَيْرَ أَهْلِ الْعِلْمِ مِنَ الْمُؤْمِنِينَ هُمْ أَهْلُ الإِيمَانِ بِهِ لا مِنْ قِبَلِ الْبُرْهَانِ. فَإِنْ كَانَ هَذَا الإِيمَانُ الَّذِي وَصَفَ اللَّهُ بِهِ الْعُلَمَاءَ خَاصّاً بِهِمْ، فَيَجِبُ أَنْ يَكُونَ بِالْبُرْهَانِ. وَإِنْ كَانَ بِالْبُرْهَانِ، فَلا يَكُونُ إِلا مَعَ الْعِلْمِ بِالتَّأْوِيلِ، لِأَنَّ اللَّهَ - تَعَالَى - قَدْ أَخْبَرَ أَنَّ لَهَا تَأْوِيلاً هُوَ الْحَقِيقَةُ، وَالْبُرْهَانُ لا يَقُومُ إِلا عَلَى الْحَقِيقَةِ. وَإِذَا كَانَ ذَلِكَ كَذَلِكَ، فَلا يُمْكِنُ أَنْ يَتَقَرَّرَ فِي التَّأْوِيلاتِ الَّتِي خَصَّ اللَّهُ الْعُلَمَاءَ بِهَا إِجْمَاعٌ مُسْتَفِيضٌ؛ وَهَذَا بَيِّنٌ بِنَفْسِهِ عِنْدَ مَنْ أَنْصَفَ.

28. Ressalta-se, com efeito, de quanto dissemos, que não é possível estabelecer a existência de um consenso sobre essas questões, pelo fato de que, conforme o que referiram os primeiros muçulmanos – para não citar outros (mais recentes) –, há interpretações que só se devem expor àqueles que conheçam a interpretação e que são "homens arraigados na ciência"[46]. Pois nós escolhemos marcar uma pausa em seguida às palavras de Deus, O Altíssimo, "homem de ciência sólida". Se os homens de ciência não conhecessem a interpretação, seu ato de assentir não se distinguiria por especificidade alguma que implicasse que eles fossem caracterizados por um tipo de crença n'Ele, diferindo da crença daqueles que não são homens de ciência. Deus, na verdade, os caracterizou como "crentes n'Ele". E isso não pode remeter senão à crença proveniente da demonstração – crença que caminha ao lado do conhecimento da interpretação[47]; pois, de fato, os crentes que não são homens de ciência são pessoas que creem n'Ele sem o suporte da demonstração. Visto que a crença pela qual Deus caracterizou os sábios lhes é particular, é preciso que [essa crença] seja proveniente da demonstração. E se provém da demonstração caminha ao lado do conhecimento da interpretação, pois Deus – O Altíssimo – declarou que existiam interpretações que são a verdade; e a demonstração não chega a nada que não seja a verdade. Sendo assim, não é possível estabelecer, a propósito de interpretações que Deus considerou específicas aos sábios, a existência de um consenso realmente generalizado; eis aí, por si só, uma evidência para todo aquele que tem bom senso.

٢٩. وَإِلَى هَذَا كُلِّهِ، فَقَدْ يُرَى أَنَّ أَبَا حَامِدٍ قَدْ غَلِطَ عَلَى الْحُكَمَاءِ الْمَشَّائِينَ فِيمَا نَسَبَ إِلَيْهِمْ مِنْ أَنَّهُمْ يَقُولُونَ إِنَّهُ – تَقَدَّسَ وَتَعَالَى – لَا يَعْلَمُ الْجُزْئِيَّاتِ أَصْلاً. بَلْ يَرَوْنَ أَنَّهُ – تَعَالَى – يَعْلَمُها بِعِلْمٍ غَيْرِ مُجَانِسٍ لِعِلْمِنَا بِها: وَذَلِكَ أَنَّ عِلْمَنا بِها مَعْلُولٌ لِلْمَعْلُومِ بِهِ، فَهُوَ مُحْدَثٌ بِحُدُوثِهِ وَمُتَغَيِّرٌ بِتَغَيُّرِهِ. وَعِلْمُ اللَّهِ – سُبْحَانَهُ – بِالْوُجُودِ عَلَى مُقَابِلِ هَذَا، فَإِنَّهُ عِلَّةٌ لِلْمَعْلُومِ، الَّذِي هُوَ الْوُجُودُ. فَمَنْ شَبَّهَ الْعِلْمَيْنِ أَحَدَهُمَا بِالْآخَرِ، فَقَدْ جَعَلَ ذَوَاتِ الْمُتَقَابِلاتِ وَخَوَاصَّها وَاحِدَةً، وَذَلِكَ غَايَةُ الْجَهْلِ. فَاسْمُ الْعِلْمِ، إِذَا قِيلَ عَلَى الْعِلْمِ الْمُحْدَثِ وَالْقَدِيمِ، فَهُوَ مَقُولٌ بِاشْتِرَاكِ الِاسْمِ الْمَحْضِ، كَمَا يُقَالُ كَثِيرٌ مِنَ الْأَسْمَاءِ عَلَى الْمُتَقَابِلاتِ، مِثْلَ «الْجَلَلِ» الْمَقُولِ عَلَى الْعَظِيمِ وَالصَّغِيرِ، وَ«الصَّرِيمِ» الْمَقُولِ عَلَى الضَّوْءِ وَالظُّلْمَةِ. وَلِهَذَا لَيْسَ هَهُنَا حَدٌّ يَشْتَمِلُ الْعِلْمَيْنِ جَمِيعاً كَمَا تَوَهَّمَهُ الْمُتَكَلِّمُونَ مِنْ أَهْلِ زَمَانِنَا. وَقَدْ أَفْرَدْنَا فِي هَذِهِ الْمَسْأَلَةِ قَوْلاً حَرَّكَنَا إِلَيْهِ بَعْضُ أَصْحَابِنَا.

٣٠. وَكَيْفَ يُتَوَهَّمُ عَلَى الْمَشَّائِينَ أَنَّهُمْ يَقُولُونَ إِنَّهُ – سُبْحَانَهُ – لَا يَعْلَمُ بِالْعِلْمِ الْقَدِيمِ الْجُزْئِيَّاتِ، وَهُمْ يَرَوْنَ أَنَّ الرُّؤْيَا الصَّادِقَةَ تَتَضَمَّنُ الْإِنْذَارَاتِ بِالْجُزْئِيَّاتِ الْحَادِثَةِ فِي الزَّمَانِ الْمُسْتَقْبَلِ، وَأَنَّ ذَلِكَ الْعِلْمَ الْمُنْذِرَ يَحْصُلُ لِلْإِنْسَانِ فِي النَّوْمِ مِنْ قِبَلِ الْعِلْمِ الْأَزَلِيِّ الْمُدَبِّرِ لِلْكُلِّ وَالْمُسْتَوْلِي عَلَيْهِ؟ وَلَيْسَ يَرَوْنَ أَنَّهُ لَا يَعْلَمُ الْجُزْئِيَّاتِ فَقَطْ عَلَى النَّحْوِ الَّذِي نَعْلَمُهُ نَحْنُ، بَلْ وَلَا الْكُلِّيَّاتِ، فَإِنَّ الْكُلِّيَّاتِ الْمَعْلُومَةَ عِنْدَنا مَعْلُولَةٌ أَيْضاً عَنْ طَبِيعَةِ الْمَوْجُودِ، وَالْأَمْرُ فِي ذَلِكَ الْعِلْمِ بِالْعَكْسِ. وَلِذَلِكَ، مَا

29. Além disso, pode-se ver que Abū Ḥāmīd enganou-se quanto aos filósofos aristotélicos, atribuindo-lhes a afirmação de que Deus – Santificado e Glorificado seja! – não conhece efetivamente os particulares. Ao contrário, (os filósofos) acreditam que Ele os conhece por meio de uma ciência de gênero diferente daquela que temos: nossa ciência é um efeito causado pelo objeto conhecido e ela, consequentemente, é adventícia como o objeto e, como ele, é mutável. Porém, a ciência que Deus – Louvado seja – tem do ser é oposta a isso, pois essa ciência é causa daquilo que é seu objeto, e que é o ser. Quem comparar as duas ciências estará confundindo em uma, duas coisas contrárias em essência e especificidade; e isto é a suprema ignorância. Pois é apenas por homonímia que o nome ciência se aplica tanto para a ciência adventícia quanto para a Ciência eterna, do mesmo modo que muitos nomes se aplicam a coisas contrárias, como "jalal", que indica tanto algo grande como pequeno (em importância), e a palavra "as-sarim", que indica a luz e a treva[48]. Por isso, as duas ciências não podem ser abarcadas por uma única definição, ao contrário do que pretendem os teólogos de nosso tempo[49]. Dedicamos para essa questão um discurso que um de nossos amigos nos motivou a produzir[50].

30. Como se pode pensar que os filósofos aristotélicos sustentem que Deus – Louvado seja – não conhece por Sua Ciência eterna os particulares, precisamente eles, cuja opinião é de que a visão verdadeira compreende a premonição das coisas particulares que devem advir no futuro e que essa ciência premonitória sobrevém ao homem durante o sono, graças à Ciência eterna que ordena e que abarca o todo? Segundo a visão deles, não são somente os particulares que Ele não conhece da maneira como nós conhecemos, mas também os universais, pois que os universais que conhecemos são também efeitos causados pela natureza do

قَدْ أَدَّى إِلَيْهِ الْبُرْهانُ أَنَّ ذَلِكَ الْعِلْمَ مُنَزَّهٌ عَنْ أَنْ يُوصَفَ بِـ «كُلِّيٌّ» أَوْ «جُزْئِيٌّ». فَلا مَعْنَى لِلاخْتِلافِ في هَذِهِ الْمَسْأَلَةِ، أَعْنِي في تَكْفيرِهِمْ أَوْ لا تَكْفيرِهِمْ.

٣١. وَأَمَّا مَسْأَلَةُ قِدَمِ الْعالَمِ أَوْ حُدوثِهِ، فَإِنَّ الاخْتِلافَ فيها عِنْدي بَيْنَ الْمُتَكَلِّمينَ مِنَ الأَشْعَرِيَّةِ وَالْحُكَماءِ الْمُتَقَدِّمينَ يَكادُ يَكونُ راجِعاً لِلاخْتِلافِ في التَّسْمِيَةِ، وَبِخاصَّةٍ عِنْدَ بَعْضِ الْقُدَماءِ. وَذَلِكَ أَنَّهُمُ اتَّفَقوا عَلَى أَنَّ هَهُنا ثَلاثَةَ أَصْنافٍ مِنَ الْمَوْجوداتِ: طَرَفانِ وَواسِطَةٌ بَيْنَ الطَّرَفَيْنِ. فَاتَّفَقوا في تَسْمِيَةِ الطَّرَفَيْنِ، وَاخْتَلَفوا في الواسِطَةِ. فَأَمَّا الطَّرَفُ الْواحِدُ، فَهُوَ مَوْجودٌ وُجِدَ مِنْ شَيْءٍ غَيْرِهِ، وَعَنْ شَيْءٍ، أَعْني عَنْ سَبَبٍ فاعِلٍ، وَمِنْ مادَّةٍ، وَالزَّمانُ مُتَقَدِّمٌ عَلَيْهِ، أَعْنى عَلَى وُجودِهِ. وَهَذِهِ هِيَ حالُ الأَجْسامِ الَّتي يُدْرَكُ تَكَوُّنُها بِالْحِسِّ، مِثْلَ تَكَوُّنِ الْماءِ وَالْهَواءِ وَالأَرْضِ وَالْحَيَوانِ وَالنَّباتِ، وَغَيْرِ ذَلِكَ. وَهَذا الصِّنْفُ مِنَ الْمَوْجوداتِ، اتَّفَقَ الْجَميعُ مِنَ الْقُدَماءِ وَالأَشْعَرِيّينَ عَلَى تَسْمِيَتِها مُحْدَثَةً. وَأَمَّا الطَّرَفُ الْمُقابِلُ لِهَذا، فَهُوَ مَوْجودٌ لَمْ يَكُنْ مِنْ شَيْءٍ، وَلا عَنْ شَيْءٍ، وَلا تَقَدَّمَهُ زَمانٌ. وَهَذا أَيْضاً، اتَّفَقَ الْجَميعُ مِنَ الْفِرْقَتَيْنِ عَلَى تَسْمِيَتِهِ قَديماً. وَهَذا الْمَوْجودُ مُدْرَكٌ بِالْبُرْهانِ، وَهُوَ اللهُ -تَبارَكَ وَتَعالى. هُوَ فاعِلُ الْكُلِّ وَمُوجِدُهُ وَالْحافِظُ لَهُ -سُبْحانَهُ وَتَعالى قَدْرُهُ. وَأَمَّا الصِّنْفُ مِنَ الْمَوْجودِ الَّذي بَيْنَ هَذَيْنِ الطَّرَفَيْنِ، فَهُوَ مَوْجودٌ لَمْ يَكُنْ مِنْ شَيْءٍ، وَلا تَقَدَّمَهُ زَمانٌ، وَلَكِنَّهُ مَوْجودٌ عَنْ شَيْءٍ، أَعْني عَنْ فاعِلٍ، وَهَذا هُوَ الْعالَمُ بِأَسْرِهِ.

ser existente, enquanto [em relação à ciência divina] as coisas vão no sentido contrário. Eis por que o que se conclui por demonstração é que essa Ciência não comporta ser qualificada de "universal" ou "particular" e não há razão para divergência sobre essa questão, isto é, tachar ou não os filósofos de infidelidade.

31. No que concerne à questão sobre a eternidade ou criação do mundo, tenho para mim que a divergência que existe entre os teólogos ash'arītas e os filósofos antigos é redutível a uma diferença de denominação, sobretudo no que toca a alguns Antigos[51]. De fato, todos concordam em dizer que existem três qualidades de ser: dois extremos e, entre eles, um intermediário. Estavam de acordo quanto à denominação dos dois extremos e discordaram quanto à do intermediário. Um dos extremos é o ser que existe a partir *de* alguma coisa diversa de si mesmo e [vem a sê-lo] *por* alguma coisa, isto é, [que vem a sê-lo] por uma causa agente e é de uma matéria, e que é antecedido pelo tempo em seu ato de ser. Esse é o caso dos corpos cuja geração pode ser percebida pelos sentidos, como a geração da água, do ar, da terra, dos animais e das plantas e outros. E esta espécie de seres, a totalidade dos Antigos e dos ash'arītas concordam em denominá-los adventícios (criados). Quanto ao extremo oposto, é o Ser que não provém *de* alguma coisa nem *por* alguma coisa e que não é precedido pelo tempo. E, quanto a este Ser – concordaram os partidários das duas escolas (os ash'arītas e os Antigos) em denominá-lo eterno (anterior ao tempo) –, pode ser apreendido pela demonstração e é Deus – Bendito e Louvado seja. É o agente de tudo, que dá origem ao ser e que é seu conservador – louvado seja e exaltado seja Seu poder! Quanto à espécie de ser que está entre os dois extremos, é o ser que não provém de alguma coisa e não é precedido pelo tempo, mas que é existente *por* um Agente, é o mundo em sua totalidade.

٣٢. وَالكُلُّ مِنْهُمْ مُتَّفِقٌ عَلَى وُجُودِ هَذِهِ الصِّفَاتِ الثَّلَاثِ لِلْعَالَمِ. فَإِنَّ الْمُتَكَلِّمِينَ يُسَلِّمُونَ أَنَّ الزَّمَانَ غَيْرُ مُتَقَدِّمٍ عَلَيْهِ -أَوْ يَـلْزَمُهُمْ ذَلِكَ-، إِذِ الزَّمَانُ عِنْدَهُمْ شَيْءٌ مُقَارِنٌ لِلْحَرَكَاتِ وَالأَجْسَامِ. وَهُمْ أَيْضاً مُتَّفِقُونَ مَعَ الْقُدَمَاءِ عَلَى أَنَّ الزَّمَانَ الْمُسْتَقْبَلَ غَيْرُ مُتَنَاهٍ، وَكَذَلِكَ الْوُجُودُ الْمُسْتَقْبَلُ. وَإِنَّمَا يَخْتَلِفُونَ فِي الزَّمَانِ الْمَاضِي وَالْوُجُودِ الْمَاضِي، فَالْمُتَكَلِّمُونَ يَرَوْنَ أَنَّهُ مُتَنَاهٍ -وَهَذَا هُوَ مَذْهَبُ أَفْلَاطُونَ وَشِيعَتِهِ-، وَأَرِسْطُو وَفِرْقَتُهُ يَرَوْنَ أَنَّهُ غَيْرُ مُتَنَاهٍ، كَالْحَالِ فِي الْمُسْتَقْبَلِ. فَهَذَا الْوُجُودُ الْآخَرُ، الْأَمْرُ فِيهِ بَيِّنٌ أَنَّهُ قَدْ أَخَذَ شَبَهاً مِنَ الْوُجُودِ الْكَائِنِ الْحَقِيقِيِّ وَمِنَ الْوُجُودِ الْقَدِيمِ. فَمَنْ غَلَبَ عَلَيْهِ مَا فِيهِ مِنْ شَبَهِ الْقَدِيمِ عَلَى مَا فِيهِ مِنْ شَبَهِ الْمُحْدَثِ، سَمَّاهُ قَدِيماً. وَمَنْ غَلَبَ عَلَيْهِ مَا فِيهِ مِنْ شَبَهِ الْمُحْدَثِ، سَمَّاهُ مُحْدَثاً. وَهُوَ فِي الْحَقِيقَةِ لَيْسَ مُحْدَثاً حَقِيقِيّاً، وَلَا قَدِيماً حَقِيقِيّاً، فَإِنَّ الْمُحْدَثَ الْحَقِيقِيَّ فَاسِدٌ ضَرُورَةً، وَالْقَدِيمُ الْحَقِيقِيُّ لَيْسَ لَهُ عِلَّةٌ. وَمِنْهُمْ مَنْ سَمَّاهُ مُحْدَثاً أَزَلِيّاً، وَهُوَ أَفْلَاطُونُ وَشِيعَتُهُ، لِكَوْنِ الزَّمَانِ مُتَنَاهِياً عِنْدَهُمْ مِنَ الْمَاضِي. فَالْمَذَاهِبُ فِي الْعَالَمِ لَيْسَتْ تَتَبَاعَدُ كُلَّ التَّبَاعُدِ، حَتَّى يُكَفَّرَ بَعْضُهَا وَلَا يُكَفَّرُ. فَإِنَّ الْآرَاءَ الَّتِي شَأْنُهَا هَذَا يَجِبُ أَنْ تَكُونَ فِي الْغَايَةِ مِنَ التَّبَاعُدِ، أَعْنِي أَنْ تَكُونَ مُتَقَابِلَةً، كَمَا ظَنَّ الْمُتَكَلِّمُونَ فِي هَذِهِ الْمَسْأَلَةِ -أَعْنِي أَنَّ اسْمَ «الْقِدَمِ» وَ«الْحُدُوثِ» فِي الْعَالَمِ بِأَسْرِهِ هُوَ مِنَ الْمُتَقَابِلَةِ؛ وَقَدْ تَبَيَّنَ مِنْ قَوْلِنَا أَنَّ الْأَمْرَ لَيْسَ كَذَلِكَ.

32. Todos estão de acordo em atribuir ao mundo essas três qualidades (de ser). Os teólogos admitem – ou deveriam admitir – que o mundo não é precedido pelo tempo –, já que, para eles, o tempo é conexo aos movimentos e aos corpos[52]. E também concordam com os Antigos em que o tempo futuro é infinito, tal como a existência no futuro. Só há divergência entre eles no que se refere ao tempo passado e à existência no passado, que os teólogos acreditam ser finito – posição que é também de Platão[53] e de seus adeptos – enquanto Aristóteles e seus seguidores acreditam que seja infinito, como ocorre com o futuro. Essa outra [espécie de] existência é evidente que apresenta semelhança com o ser gerado e com o ser eterno. Daí, aqueles para quem a semelhança apresentada com o eterno prevalecia sobre a semelhança com o criado denominaram-na eterna; ao passo que aqueles para quem a semelhança com o criado prevalecia denominaram-na criada, sendo que, na realidade, este ser existente não é nem verdadeiramente criado nem verdadeiramente eterno, pois o que é propriamente criado é necessariamente corruptível, e o que é propriamente eterno não tem *causa* (que o determine). Há outros ainda – Platão e seus adeptos – que o denominaram adventício-eterno, porque o tempo, para eles, é finito a partir do passado (porque o tempo teve um começo no passado)[54]. As doutrinas sobre o mundo não são tão distantes uma da outra, a ponto de se qualificar uma de infiel e a outra não. Pois as opiniões que se referem a isso deveriam estar extremamente distanciadas, isto é, [deveriam ser] opostas, como pensaram os teólogos em relação a esse caso – quero dizer, que os nomes "eternidade" e "criação" aplicados ao mundo em sua totalidade eram opostos; mas ficou evidente, a partir do que dissemos, que não é esse o caso.

٣٣. وَهَذا كُلُّهُ مَعَ أَنَّ هَذِهِ الآراءَ في العَالَمِ لَيْسَتْ عَلى ظَاهِرِ الشَّرْعِ! فَإِنَّ ظَاهِرَ الشَّرْعِ، إِذَا تُصُفِّحَ، ظَهَرَ مِنَ الآيَاتِ الوَارِدَةِ في الأَنْبَاءِ عَنْ إِيجادِ العَالَمِ أَنَّ صورَتَهُ مُحْدَثَةٌ بالحَقيقَةِ، وَأَنَّ نَفْسَ الوُجودِ وَالزَّمانِ مُسْتَمِرٌّ مِنَ الطَّرَفَيْنِ، أَعْنـي غَيْرَ مُنْقَطِـعٍ. وَذَلِكَ أَنَّ قَوْلَـهُ – تَعَالى: «وَهُوَ الَّذي خَلَقَ السَّمَوَاتِ وَالأَرْضَ في سِتَّةِ أَيَّامٍ وكَانَ عَرْشُهُ عَلَى الْمَاءِ» يَقْتَضِي بظاهرِهِ أَنَّ وُجوداً قَبْلَ هَذا الوُجودِ، وَهُوَ «العَرْشُ» وَ«الْمَاءُ»؛ وَزَمَانًا قَبْلَ هَذا الزَّمَـانِ، أَعْنـي المُقْتَـرِنَ بصورَةِ هَذا الوُجودِ الَّذي هُوَ عَدَدُ حَرَكَةِ الفَلَكِ. وقَوْلُـهُ - تَعَالى: «يَوْمَ تُبَدَّلُ الأَرْضُ غَيْرَ الأَرْضِ وَالسَّمَوَاتُ» يَقْتَضِي أَيْضاً بظاهِرِهِ أَنَّ وُجوداً ثانِياً بَعْدَ هَذا الوُجودِ. وقَوْلُـهُ - تعالى: «ثُمَّ اسْتَوَى إِلَى السَّمَاءِ وَهِيَ دُخَانٌ» يَقْتَضِي بظاهِرِهِ أَنَّ السَّمَوَاتِ خُلِقَتْ مِنْ شَيْءٍ. فَالمُتَكَلِّمونَ لَيْسوا في قَوْلِهِمْ أَيْضاً في العَالَمِ عَلى ظَاهِرِ الشَّرْعِ، بَلْ مُتَأَوِّلُونَ. فَإِنَّهُ لَيْسَ في الشَّرْعِ أَنَّ اللَّهَ كانَ مَوْجوداً مَعَ الْعَدَمِ الْمَحْضِ، وَلا يوجَدُ هَذا فيه نَصّاً أَبَداً. فَكَيْفَ يُتَصـوَّرُ فـي تَأْويلِ المُتَكَلِّمينَ فـي هَذِهِ الآياتِ، أَنَّ الإِجْماعَ انْعَقَدَ عَلَيْهِ، وَالظاهِرُ الَّذي قُلْنـاهُ مِنَ الشَّرْعِ فـي وُجودِ الْعالَمِ، قَدْ قالَ بِهِ فِرقَةٌ مِنَ الحُكَمَاءِ؟

33. E isso tudo, ainda que essas opiniões (dos teólogos) sobre o mundo não estejam em conformidade com o sentido óbvio da Lei religiosa! Pois, se se procede ao exame acurado da Lei, ressalta dos versículos que se referem ao modo pelo qual Deus fez existir o mundo que a forma do mundo é verdadeiramente criada e que o próprio ser e o tempo continuam nas duas direções (nos dois extremos), isto é, são sem fim (sem ruptura). De fato, o enunciado d'O Altíssimo: "É Ele quem criou os céus e a terra em seis dias – estando Seu trono sobre a água"[55] permite deduzir, por seu sentido literal, que uma certa forma de ser existia anteriormente a essa existência, sendo isto o "trono" e a "água"; e que havia um tempo antes desse tempo, isto é, o tempo que acompanha essa forma de existência e que é o número do movimento da órbita celeste[56]. E, da mesma maneira, o enunciado d'O Altíssimo: "O dia em que a terra será trocada por outra terra e [também] os céus [...]"[57] permite deduzir, por seu sentido óbvio, que haverá uma segunda existência após esta. E o enunciado d'O Altíssimo: "Em seguida, voltou-se para o céu que era uma fumaça"[58] permite inferir, também por seu sentido literal, que os céus foram criados a partir de alguma coisa. Os teólogos, também quando tratam do mundo, não estão em conformidade com o sentido literal da Lei religiosa, mas a interpretam. Na verdade, não está dito na Lei que Deus tenha existido com o puro nada; isto não está dito em parte alguma. Então, como crer que, na interpretação dos teólogos a propósito desses versículos, teria havido consenso, enquanto um grupo de filósofos sustenta uma tese de acordo com o sentido literal da Lei a respeito da existência do mundo que acabamos de evocar?

٣٤. وَيُشْبِهُ أَنْ يَكُونَ الْمُخْتَلِفُونَ فِي هَذِهِ الْمَسَائِلِ الْعَوِيصَةِ إِمَّا مُصِيبِينَ مَأْجُورِينَ، وَإِمَّا مُخْطِئِينَ مَعْذُورِينَ. فَإِنَّ التَّصْدِيقَ بِالشَّيْءِ مِنْ قِبَلِ الدَّلِيلِ الْقَائِمِ فِي النَّفْسِ هُوَ شَيْءٌ اضْطِرَارِيٌّ لَا اخْتِيَارِيٌّ، أَعْنِي أَنَّهُ لَيْسَ لَنَا أَنْ لَا نُصَدِّقَ أَوْ نُصَدِّقَ، كَمَا لَنَا أَنْ نَقُومَ أَوْ لَا نَقُومَ. وَإِذَا كَانَ مِنْ شَرْطِ التَّكْلِيفِ الاخْتِيَارُ، فَالْمُصَدِّقُ بِالْخَطَأِ مِنْ قِبَلِ شُبْهَةٍ عَرَضَتْ لَهُ، إِذَا كَانَ مِنْ أَهْلِ الْعِلْمِ، مَعْذُورٌ. وَلِذَلِكَ قَالَ - عَلَيْهِ السَّلَامُ: «إِذَا اجْتَهَدَ الْحَاكِمُ فَأَصَابَ فَلَهُ أَجْرَانِ، وَإِذَا أَخْطَأَ فَلَهُ أَجْرٌ». وَأَيُّ حَاكِمٍ أَعْظَمُ مِنَ الَّذِي يَحْكُمُ عَلَى الْوُجُودِ بِأَنَّهُ كَذَا أَوْ لَيْسَ بِكَذَا. وَهَؤُلَاءِ الْحُكَّامُ هُمُ الْعُلَمَاءُ الَّذِينَ خَصَّهُمُ اللَّهُ بِالتَّأْوِيلِ، وَهَذَا الْخَطَأُ الْمَصْفُوحُ عَنْهُ فِي الشَّرْعِ إِنَّمَا هُوَ الْخَطَأُ الَّذِي يَقَعُ مِنَ الْعُلَمَاءِ إِذَا نَظَرُوا فِي الْأَشْيَاءِ الْعَوِيصَةِ الَّتِي كَلَّفَهُمُ الشَّرْعُ النَّظَرَ فِيهَا.

34. Quase se pode concluir que aqueles que divergem sobre estas questões tão árduas ou estão certos, e por isso serão recompensados, ou estão errados, e então serão desculpados. Pois que o fato de se crer em alguma coisa por meio de uma prova que se radicou no espírito é um ato que se impõe e não é procedente de [livre] escolha, isto é, não depende de nós assentir ou não assentir, como se se tratasse de um ato como levantar-se ou não se levantar. E, se a livre escolha é uma condição da responsabilidade legal[59], aquele que acredita no erro em virtude de alguma verossimilhança tê-lo conduzido [a isso], se ele é homem de ciência, então é desculpado. Eis por que o Profeta – sobre ele recaia a paz – disse: "Se um juiz faz um esforço de julgamento pessoal e se este for justo, ele será duplamente recompensado; e, se errar, terá uma única recompensa."[60] E que juiz é mais importante do que aquele que julga se a existência é tal ou tal? Esses juízes são os sábios aos quais Deus reservou o direito exclusivo de interpretar; e este erro que a Lei religiosa estabelece que seja desculpável é o que pode provir dos sábios, quando examinam as questões tão árduas propostas pela Lei.

٣٥. وَأَمَّا الْخَطَأُ الَّذِي يَقَعُ مِنْ غَيْرِ هَذَا الصِّنْفِ مِنَ النَّاسِ، فَهُوَ إِثْمٌ مَحْضٌ، وَسَوَاءٌ كَانَ الْخَطَأُ فِي الْأُمُورِ النَّظَرِيَّةِ أَوِ الْعَمَلِيَّةِ. فَكَمَا أَنَّ الْحَاكِمَ الْجَاهِلَ بِالسُّنَّةِ، إِذَا أَخْطَأَ فِي الْحُكْمِ، لَمْ يَكُنْ مَعْذُوراً، كَذَلِكَ الْحَاكِمُ عَلَى الْمَوْجُودَاتِ، إِذَا لَمْ تُوجَدْ فِيهِ شُرُوطُ الْحُكْمِ، فَلَيْسَ بِمَعْذُورٍ، بَلْ هُوَ إِمَّا آثِمٌ وَإِمَّا كَافِرٌ. وَإِذَا كَانَ يُشْتَرَطُ فِي الْحَاكِمِ فِي الْحَلَالِ وَالْحَرَامِ أَنْ تَجْتَمِعَ لَهُ أَسْبَابُ الِاجْتِهَادِ -وَهُوَ مَعْرِفَةُ الْأُصُولِ وَمَعْرِفَةُ الِاسْتِنْبَاطِ مِنْ تِلْكَ الْأُصُولِ بِالْقِيَاسِ-، فَكَمْ بِالْحَرِيِّ أَنْ يُشْتَرَطَ ذَلِكَ فِي الْحَاكِمِ عَلَى الْمَوْجُودَاتِ، أَعْنِي أَنْ يَعْرِفَ الْأَوَائِلَ الْعَقْلِيَّةَ وَوَجْهَ الِاسْتِنْبَاطِ مِنْهَا.

٣٦. وَبِالْجُمْلَةِ، فَالْخَطَأُ فِي الشَّرْعِ عَلَى ضَرْبَيْنِ: إِمَّا خَطَأٌ يُعْذَرُ فِيهِ مَنْ هُوَ مِنْ أَهْلِ النَّظَرِ فِي ذَلِكَ الشَّيْءِ الَّذِي وَقَعَ فِيهِ الْخَطَأُ (كَمَا يُعْذَرُ الطَّبِيبُ الْمَاهِرُ إِذَا أَخْطَأَ فِي صِنَاعَةِ الطِّبِّ، وَالْحَاكِمُ الْمَاهِرُ إِذَا أَخْطَأَ فِي الْحُكْمِ)، وَلَا يُعْذَرُ فِيهِ مَنْ لَيْسَ مِنْ أَهْلِ ذَلِكَ الشَّأْنِ ؛ وَإِمَّا خَطَأٌ لَيْسَ يُعْذَرُ فِيهِ أَحَدٌ مِنَ النَّاسِ، بَلْ إِنْ وَقَعَ فِي مَبَادِئِ الشَّرِيعَةِ، فَهُوَ كُفْرٌ، وَإِنْ وَقَعَ فِيمَا بَعْدَ الْمَبَادِئِ، فَهُوَ بِدْعَةٌ. وَهَذَا الْخَطَأُ هُوَ الْخَطَأُ الَّذِي يَكُونُ فِي الْأَشْيَاءِ الَّتِي تُفْضِي جَمِيعُ أَصْنَافِ طُرُقِ الدَّلَائِلِ إِلَى مَعْرِفَتِهَا، فَتَكُونُ مَعْرِفَةُ ذَلِكَ الشَّيْءِ بِهَذِهِ الْجِهَةِ مُمْكِنَةً لِلْجَمِيعِ.

35. Ao contrário, o erro cometido por aqueles que não pertencem a essa classe de pessoas constitui-se em culpa nítida, quer se trate de questões teóricas, quer se trate de questões práticas. Da mesma maneira que um juiz que ignore a Sunna[61], se erra no julgamento, não é desculpável, da mesma forma, [ocorre] quanto ao juiz que emite juízos sobre os seres existentes: se nele não se encontram condições que lhe permitam julgar, não é desculpável, é um pecador ou um infiel. Se do juiz que julgar o que é lícito e o que é ilícito se exige que reúna condições que o habilitem ao esforço interpretativo, isto é, ao conhecimento das Fontes [do Islão] e ao conhecimento do método de dedução a partir destas Fontes por meio de raciocínio analógico, com mais razão devem-se exigir as mesmas condições daquele que julga os seres existentes, quer dizer, exigir que conheça os primeiros princípios e a maneira de inferir daí as consequências.

36. Em suma, o erro com relação à Lei religiosa é de duas espécies: o erro desculpável, quando cometido por quem for apto a examinar racionalmente o âmbito em que sucedeu o erro – como se desculpa o médico hábil quando erra no exercício da medicina, ou o juiz hábil por errar em seu julgamento –, e o erro indesculpável, se procede de quem não pertence ao âmbito em questão; e o erro indesculpável, venha de quem vier, e que, se atinge os princípios fundamentais da Lei religiosa[62], é infidelidade; e, se atinge algo aquém dos princípios fundamentais, então é uma inovação condenável. Esse tipo de erro é o cometido a propósito de coisas para o conhecimento das quais conduz o conjunto dos métodos de argumentação, estando facultado a todos esse conhecimento.

٣٧. وَهَذا مِثْلُ الإقرارِ بِاللَّهِ -تَبارَكَ وتَعالى-، وَبِالنُّبُوَّاتِ، وَبِالسَّعادَةِ الأُخْرَوِيَّةِ وَالشَّقاءِ الأُخْرَوِيِّ. وَذَلِكَ أَنَّ هَذِهِ الأُصولَ الثَّلاثَةَ تُؤَدِّي إِلَيْها أَصْنافُ الدَّلائِلِ الثَّلاثَةُ الَّتي لا يُعْرى أَحَدٌ مِنَ النَّاسِ عَنْ وُقوعِ التَّصْديقِ لَهُ مِنْ قِبَلِها بِالَّذي كُلِّفَ مَعْرِفَتَهُ، أَعْني الدَّلائِلَ الْخَطابِيَّةَ وَالْجَدَلِيَّةَ وَالْبُرْهانِيَّةَ. فَالْجاحِدُ لِأَمْثالِ هَذِهِ الأَشْياءِ، إِذا كانَتْ أَصْلاً مِنْ أُصولِ الشَّرْعِ، كافِرٌ مُعانِدٌ بِلِسانِهِ دونَ قَلْبِهِ، أَوْ بِغَفْلَتِهِ عَنِ التَّعَرُّضِ إِلى مَعْرِفَةِ دَلِيلِها، لِأَنَّهُ إِنْ كانَ مِنْ أَهْلِ الْبُرْهانِ، فَقَدْ جُعِلَ لَهُ سَبيلٌ إِلى التَّصْديقِ بِها بِالْبُرْهانِ ؛ وَإِنْ كانَ مِنْ أَهْلِ الْجَدَلِ، فَبِالْجَدَلِ ؛ وَإِنْ كانَ مِنْ أَهْلِ الْمَوْعِظَةِ، فَبِالْمَوْعِظَةِ. وَلِذَلِكَ قالَ -عَلَيْهِ السَّلامُ-: «أُمِرْتُ أَنْ أُقاتِلَ النَّاسَ حَتَّى يَقولوا "لا إِلَهَ إِلا اللَّهُ" وَيُؤْمِنوا بي»، يُريدُ : بِأَيِّ طَريقٍ اتَّفَقَ لَهُمْ مِنْ طُرُقِ الإيمانِ الثَّلاثِ.

٣٨. وَأَمَّا الأَشْياءُ الَّتي، لِخَفائِها، لا تُعْلَمُ إِلا بِالْبُرْهانِ، فَقَدْ تَلَطَّفَ اللَّهُ فيها لِعِبادِهِ الَّذينَ لا سَبيلَ لَهُمْ إِلى الْبُرْهانِ، إِمّا مِنْ قِبَلِ فِطْرَهِمْ، وَإِمّا مِنْ قِبَلِ عادَتِهِمْ، وَإِمّا مِنْ قِبَلِ عَدَمِهِمْ أَسْبابَ التَّعَلُّمِ، بِأَنْ ضَرَبَ لَهُمْ أَمْثالَها وَأَشْباهَها، وَدَعاهُمْ إِلى التَّصْديقِ بِتِلْكَ الأَمْثالِ، إِذْ كانَتْ تِلْكَ الأَمْثالُ يُمْكِنُ أَنْ يَقَعَ التَّصْديقُ بِها بِالأَدِلَّةِ الْمُشْتَرَكَةِ لِلْجَميعِ، أَعْني الْجَدَلِيَّةَ وَالْخَطابِيَّةَ. وَهَذا هُوَ السَّبَبُ في أَنِ انْقَسَمَ الشَّرْعُ إِلى ظاهِرٍ وَباطِنٍ : فَإِنَّ الظَّاهِرَ هُوَ تِلْكَ الأَمْثالُ الْمَضْروبَةُ لِتِلْكَ الْمَعاني ؛ وَالْباطِنُ هُوَ تِلْكَ الْمَعاني، الَّتي لا تَتَجَلَّى إِلا لِأَهْلِ الْبُرْهانِ. وَهَذِهِ هِيَ

37. Trata-se, por exemplo, do reconhecimento da existência de Deus – Bendito e Excelso seja Ele –, das profecias, da bem-aventurança e dos tormentos da outra vida; pois estes três fundamentos, os três tipos de argumentos, por efeito dos quais se produz o assentimento de todos os homens ao que a Lei os convoca a conhecer, quer dizer, os argumentos retóricos, dialéticos e demonstrativos, conduzem [igualmente a estabelecer sua veracidade]. Aquele que nega coisas como estas, se se trata de um dos princípios da Lei religiosa, é um infiel obstinado que nega pela língua o que crê pelo coração ou que, por negligência, não tenha tomado conhecimento das provas, porque, se faz parte das pessoas afeitas à demonstração, requer, como caminho para o assentimento, a demonstração; se é pessoa afeita à dialética, tem como caminho a dialética; e, se é pessoa afeita à exortação, tem como caminho a exortação[63]. Eis por que disse o Profeta – sobre ele recaia a paz: "Foi-me ordenado combater os homens até que eles digam: 'não há deus, senão Deus' e que acreditem em mim"[64], subentendendo: por intermédio de qualquer caminho, entre os três que [levam] à fé.

38. Quanto às coisas que, em virtude de serem obscuras ao entendimento, só são apreensíveis pela demonstração, Deus agraciou Seus servos – que não têm acesso à demonstração (por causa de sua incapacidade, por seus hábitos, por falta de condições de aprendizagem), apresentando-lhes exemplos e imagens e convidou-os a assentir a esses símbolos, pois a estes é possível dar assentimento por intermédio de argumentos que são comuns a todos, isto é, os dialéticos e os retóricos. E esta é a razão pela qual o sentido da Lei religiosa desdobrou-se em sentido literal (óbvio, aparente) e sentido oculto (interior): o óbvio são os exemplos empregados para representar os significados, e o oculto são os próprios significados que não se manifestam, a não ser para as

أصنافُ تِلْكَ الْمَوْجوداتِ الأرْبَعَةُ أو الْخَمْسَةُ الَّتي ذَكَرَها أبو حامِدٍ فـي كِتابِ **التفرقة**.

٣٩. وَإِذا اتَّفَقَ كَما قُلْنا أنْ نَعْلَمَ الشَّيْءَ بِنَفْسِهِ بالطُرُقِ الثَّلاثِ، لَمْ نَحْتَجْ أنْ نَضْرِبَ لَهُ أمْثالاً، وكانَ عَلى ظاهِرِهِ، لا يَتَطَرَّقُ إِلَيْهِ تَأْويلٌ. وَهَذا النَّحْوُ مِنَ الظاهِرِ، إِنْ كانَ فـي الأصولِ، فَالْمُتَأَوِّلُ لَهُ كافِرٌ، مِثْـلَ مَنْ يَعْتَقِدُ أنَّهُ لا سَعادَةَ أُخْرَوِيَّةَ هَهُنا وَلا شَـقاءَ، وَأنَّـهُ إِنَّما قَصِدَ بِهذا الْقَوْلِ أنْ يَسْلَمَ النَّاسُ بَعْضُهُمْ مِنْ بَعْضٍ فـي أبْدانِهِمْ وَحَواسِّـهِمْ، وَأنَّـها حيلَةٌ، وَأنَّهُ لا غايَةَ لِلإِنْسانِ إلا وُجودُهُ الْمَحْسوسُ فَقَطْ.

٤٠. وَإِذا تَقَرَّرَ هَذا، فَقَدْ ظَهَرَ لَكَ مِنْ قَوْلِنـا أنَّ هَهُنـا ظاهِـراً مِنَ الشَّرْعِ لا يَجوزُ تَأْويلُهُ، فَإِنْ كانَ تَأْويلُهُ فـي الْمَبادِئِ، فَهْوَ كُفْرٌ ؛ وَإِنْ كانَ فيما بَعْدَ الْمَبادِئِ، فَهْوَ بِدْعَةٌ. وَهَهُنا أيْضاً ظاهِرٌ يَجِبُ عَلى أهْلِ الْبُرْهانِ تَأْويلُهُ ؛ وَحَمْلُهُمْ إِيّـاهُ عَلـى ظاهِـرِهِ كُفْرٌ ؛ وَتَـأْويلُ غَيْرِ أهْلِ الْبُرْهانِ لَهُ وَإِخْراجُهُ عَنْ ظاهِرِهِ كُفْرٌ في حَقِّهِمْ أوْ بِدْعَةٌ.

pessoas afeitas à demonstração. É a isso que se referem quatro ou cinco espécies de seres existentes [distinguidos e] mencionados por Abū Ḥāmīd no livro sobre a *Distinção*.

39. Porém, se ocorre, como já dissemos, que possamos atingir o conhecimento de uma coisa em si mesma, por meio dos três caminhos, não é necessário a nós (filósofos) apresentar essa coisa por meio de exemplos, e a coisa será tal qual [a apresenta a Lei] em seu sentido literal, prescindindo, pois, de interpretação. Se o enunciado óbvio, enquanto tal, apresenta um princípio fundamental, aquele que o interpreta é infiel, tanto quanto aquele que pensa que não há bem-aventurança nem tormentos na outra vida e que a intenção desses propósitos é somente a de proteger os homens uns dos outros, em sua existência corporal e sensível; que se trata de um subterfúgio e que não há outro fim para o homem, a não ser sua existência sensível[65].

40. Uma vez estabelecido isso, nosso discurso ressaltou que há na Lei religiosa enunciados de sentido óbvio que não se podem interpretar e cuja interpretação é infidelidade se discute princípios fundamentais [de fé]; ou inovação condenável se propõe algo aquém desses princípios. Há, também, enunciados que as pessoas afeitas à demonstração são obrigadas a interpretar; pois tomá-los em sentido literal seria infidelidade; e a interpretação ou extensão de sentido óbvio por parte de quem não seja ligado à demonstração é infidelidade ou inovação condenável.

٤١. وَمِنْ هَذا الصِّنْفِ آيَةُ الاسْتِواءِ وَحَدِيثُ النُّزولِ. وَلِذَلِكَ قالَ - عَلَيْهِ السَّلامُ - في السَّوْداءِ إِذْ أَخْبَرَتْهُ أَنَّ اللَّـهَ في السَّماءِ: «أَعْتِقْها فَإِنَّها مُؤْمِنَةٌ»، إِذْ كانَتْ لَيْسَتْ مِنْ أَهْلِ الْبُرْهانِ. وَالسَّبَبُ في ذَلِكَ أَنَّ الصِّنْفَ مِنَ النّاسِ الَّذينَ لا يَقَعُ لَهُمُ التَّصْديقُ إِلا مِنْ قِبَلِ التَّخْييلِ - أَعْني أَنَّهُمْ لا يُصَدِّقونَ بِالشَّيْءِ إِلا مِنْ جِهَةِ ما يَتَخَيَّلونَهُ - يَعْسُرُ وُقوعُ التَّصْديقِ لَهُمْ بِمَوْجودٍ لَيْسَ مَنْسوباً إِلى شَيْءٍ مُتَخَيَّلٍ. وَيَدْخُلُ أَيْضاً عَلى مَنْ لا يَفْهَمُ مِنْ هَذِهِ النِّسْبَةِ إِلا الْمَكانَ، وَهُمُ الَّذينَ شَدّوا عَلى رُتْبَةِ الصِّنْفِ الأَوَّلِ قَليلاً في النَّظَرِ، بِ‹إِنْكارِ› اعْتِقادِ الْجِسْمِيَّةِ. وَلِذَلِكَ كانَ الْجَوابُ لِهَؤُلاءِ في أَمْثالِ هَذِهِ، أَنَّها مِنَ الْمُتَشابِهاتِ، وَأَنَّ الْوَقْفَ في قَوْلِهِ - تَعالى -: «وَما يَعْلَمُ تَأْويلَها إِلا اللَّـهُ». وَأَهْلُ الْبُرْهانِ، مَعَ أَنَّهُمْ مُجْمِعونَ في هَذا الصِّنْفِ أَنَّهُ مِنَ الْمُؤَوَّلِ، فَقَدْ يَخْتَلِفونَ في تَأْويلِهِ، وَذَلِكَ بِحَسَبِ مَرْتَبَةِ كُلِّ واحِدٍ مِنْ مَعْرِفَةِ الْبُرْهانِ.

٤٢. وَهَهُنا صِنْفٌ ثالِثٌ مِنَ الشَّرْعِ، مُتَرَدِّدٌ بَيْنَ هَذَيْنِ الصِّنْفَيْنِ، يَقَعُ فيهِ شَكٌّ، فَيُلْحِقُهُ قَوْمٌ مِمَّنْ يَتَعاطى النَّظَرَ بِالظّاهِرِ الَّذي لا يَجوزُ تَأْويلُهُ، وَيُلْحِقُهُ آخَرونَ بِالْباطِنِ الَّذي لا يَجوزُ حَمْلُهُ عَلى الظّاهِرِ لِلْعُلَماءِ، وَذَلِكَ لِعَواصَةِ هَذا الصِّنْفِ وَاشْتِباهِهِ. وَالْمُخْطِئُ في هَذا مَعْذورٌ، أَعْني مِنَ الْعُلَماءِ.

41. A essa espécie pertencem o versículo que evoca o "estar sentado" [no trono] de Deus e a tradição que evoca a "descida" [de Deus][66]. Eis por que disse o Profeta – sobre Ele recaia a paz – a propósito de uma mulher negra (escrava) que lhe dissera que Deus está no céu: "Liberte-a, pois é uma crente"[67], não sendo, obviamente, dada a demonstração. A razão disso é que a essa classe de pessoas, cujo assentimento só se dá pela imaginação – quero dizer, não assentem à existência de uma coisa a não ser na medida em que a imaginam –, torna-se difícil assentir à existência de um ser que não tem nenhuma relação com alguma coisa imaginável. Isto cabe também àqueles que, por essa relação, compreendem somente o lugar [em que Deus está] e que se alçam à reflexão num nível um pouco mais acima do da classe precedente, negando a crença na corporeidade [de Deus]. E eis por que a resposta a essas pessoas, a respeito de tais enunciados, é que se trata de [versículos] ambíguos e que é preciso uma pausa [para atentar] às palavras d'O Altíssimo: "Mas ninguém conhece a interpretação deles, senão Deus."[68] As pessoas voltadas à demonstração, apesar de estarem de acordo quanto a se considerar que esses enunciados devem ser interpretados, divergem quanto à sua interpretação, e isto por causa do grau de cada um em relação ao conhecimento da demonstração.

42. E há uma terceira espécie de enunciados revelados, oscilando entre essas duas, sobre a qual incide dúvida, a que alguns, entre os que praticam o exame racional, atribuem o sentido óbvio e que não é permitido interpretar; outros atribuem-lhes o sentido oculto que não é permitido aos sábios tomar no sentido óbvio, e isto em virtude da dificuldade e da ambiguidade dessa espécie; aquele que errar nisso será desculpado, se estiver entre os sábios.

٤٣. فإن قيلَ: فإذا تَبَيَّنَ أنَّ الشَّرْعَ في هَذا على ثَلاثِ مَراتِبَ، فَمِنْ أيِّ هَذِهِ المَراتِبِ الثَّلاثِ هُوَ عِنْدَكُمْ ما جاءَ في صِفاتِ المَعادِ وأحْوالِهِ؟ فَنَقولُ: إنَّ هَذِهِ المَسْألَةَ، الأمْرُ فيها بَيِّنٌ أنَّها مِنَ الصِّنْفِ المُخْتَلَفِ فيهِ. وذلِكَ أنَّا نَرى قَوْماً يَنْسُبونَ أنْفُسَهُمْ إلى البُرْهانِ يَقولونَ إنَّ الواجِبَ حَمْلُها على ظاهِرِها، إذْ كانَ لَيْسَ هَهُنا بُرْهانٌ يُؤَدِّي إلى اسْتِحالَةِ الظاهِرِ فيها، وهَذِهِ طَريقَةُ الأشْعَرِيَّةِ؛ وقَوْمٌ آخَرونَ، أيْضاً مِمَّنْ يَتَعاطى البُرْهانَ، يَتَأَوَّلونَها، وهَؤُلاءِ يَخْتَلِفونَ في تَأْويلِها اخْتِلافاً كَثيراً. وفي هَذا الصِّنْفِ أبو حامِدٍ مَعْدودٌ، وكَثيرٌ مِنَ المُتَصَوِّفَةِ. ومِنْهُمْ مَنْ يَجْمَعُ فيها التَّأْويلَيْنِ، كَما يَفْعَلُ ذَلِكَ أبو حامِدٍ في بَعْضِ كُتُبِهِ.

٤٤. ويُشْبِهُ أنْ يَكونَ المُخْطِئُ في هَذِهِ المَسْألَةِ مِنَ العُلَماءِ مَعْذوراً -والمُصيبُ مَشْكوراً ومَأْجوراً-، وذلِكَ إذا اعْتَرَفَ بالوُجودِ، وتَأَوَّلَ فيها نَحْواً مِنْ أنْحاءِ التَّأْويلِ، أعْني في صِفَةِ المَعادِ، لا في وُجودِهِ؛ إذا كانَ التَّأْويلُ لا يُؤَدِّي إلى نَفْي الوُجودِ. وإنَّما كانَ جَحْدُ الوُجودِ في هَذِهِ كُفْراً لأنَّهُ في أصْلٍ مِنْ أصولِ الشَّريعَةِ، وهُوَ مِمّا يَقَعُ التَّصْديقُ بِهِ بالطُّرُقِ الثَّلاثِ المُشْتَرَكَةِ «لِلأحْمَرِ والأسْوَدِ». وأمّا مَنْ كانَ مِنْ غَيْرِ أهْلِ العِلْمِ، فالواجِبُ عَلَيْهِ حَمْلُها على ظاهِرِها، وتَأْويلُها في حَقِّهِ كُفْرٌ، لأنَّهُ يُؤَدِّي إلى الكُفْرِ. ولِذَلِكَ ما نَرى، أنَّ مَنْ كانَ مِنَ النّاسِ

43. Se se objetasse: sendo evidente que a Lei religiosa, sob esse ângulo, contempla três níveis, de que nível entre os três procedem, segundo vós [os filósofos], os enunciados que tratam das características da vida futura? Então respondemos: trata-se de um problema que, evidentemente, pertence ao gênero sobre o qual são amplas as divergências. Com efeito, vemos algumas pessoas que pretendem ser demonstrativas dizerem que é preciso atribuir a esses enunciados o seu sentido óbvio, já que nenhuma demonstração induz a refutar o sentido literal, e esta é a posição dos ash'arītas; enquanto outros, que também praticam a demonstração, interpretam esses enunciados e divergem, muitas vezes, uns dos outros em suas interpretações. Entre estes, encontram-se Abū Ḥāmīd e numerosos outros sufis. E entre eles há os que apresentam duas interpretações diversas, como faz Abū Ḥāmīd em alguns de seus livros.

44. Parece que aquele que erra a propósito dessa questão, se for um sábio, será desculpado – e aquele que estiver com a verdade será reconhecido e recompensado –, isto se ele reconhecer a existência real [a vida futura] e se interpretar de uma maneira qualquer essa vida futura, quer dizer, [se essa interpretação incidir] na característica desta vida futura e não em sua própria existência; e [ainda] se esta interpretação não levar à negação da existência atual. Pois, certamente, a negação sobre essa [questão] é infidelidade, já que toca um dos princípios fundamentais da Lei religiosa, algo a que se vem a crer por meio dos três caminhos comuns a todos, "brancos e negros"[69]. Quanto àqueles que não são homens de ciência, têm o dever de considerar [os enunciados referentes a essa questão] em seu sentido óbvio; o fato de interpretá-los seria, a respeito delas, infidelidade, porque isso leva à infidelidade. É por isso que achamos que as pessoas comuns têm a obrigação de crer no sentido

فَرْضُـهُ الإيمـانُ بالظَّـاهِرِ، فَالتَّـأويلُ فـي حَقِّـهِ كُفْرٌ : لأَنَّـهُ يُؤَدِّي إلـى الْكُفْرِ. فَمَنْ أَفْشَاهُ لَهُ مِنْ أَهْلِ التَّأويلِ، فَقَدْ دَعَاهُ إِلَى الْكُفْرِ، وَالدَّاعِي إِلى الْكُفْرِ كافِرٌ.

٤٥. وَلِهَذا يَجِبُ أَنْ لا تُثْبَتَ التَّأويلاتُ إلا فـي كُتُبِ الـبَرَاهينِ، لأنَّها، إذا كانَتْ في كُتُبِ البَراهينِ، لَمْ يَصِلْ إِلَيْها إلا مَنْ هُوَ مِـنْ أَهْلِ البُرْهانِ. وَأَمَّا إذا أُثْبِتَتْ في غَيْرِ كُتُبِ البُرْهانِ، وَاسْتُعْمِلَ فيها الطُّـرُقُ الشِّعْرِيَّةُ وَالْخَطابِيَّةُ أَوِ الْجَدَلِيَّةُ، كَمَـا يَصْنَعُـهُ أَبـو حامِدٍ، فَخَطـأً عَلَـى الشَّرْعِ وَعَلى الْحِكْمَةِ، وَإِنْ كانَ الرَّجُلُ إنَّما قَصَدَ خَيْراً. وَذَلِكَ أَنَّهُ رامَ أَنْ يَكْثُرَ أَهْلُ العِلْمِ بِذَلِكَ، وَلَكِنْ كَثُرَ بِذَلِكَ أَهْلُ الفَسادِ لَيْسَ بِدونِ كَثْرَةِ أَهْلِ الْعِلْمِ. وَتَطَرَّقَ بِذَلِكَ قَوْمٌ إِلى تَلْبِ الْحِكْمَةِ، وَقَوْمٌ إِلـى تَلْبِ الشَّريعَةِ، وَقَوْمٌ إِلى الْجَمْعِ بَيْنَهُما. وَيُشْبِهُ أَنْ يَكـونَ هَذا أَحَدُ مَقَاصِدِهِ بِكُتُبِهِ. وَالدَّليلُ عَلى أَنَّهُ رامَ بِذَلِكَ تَنْبيهَ الفِطَرِ، أَنَّهُ لَـمْ يَلْزَمْ مَذْهَبَاً فـي كُتُبِهِ، بَـلْ هُوَ مَـعَ الأشْعَرِيَّةِ أَشْعَرِيٌّ، وَمَـعَ الصَّوفيَّةِ صوفِيٌّ، وَمَـعَ الفَلاسِفَةِ فَيْلَسوفٌ، حَتَّى أَنَّهُ كَما قيلَ :

«يَوْماً يَمَانٍ إِذا لاقَيْتُ ذا يَمَنٍ   وَإِنْ لَقِيتُ مَعَدِّيّاً فَعَدْنَانِ»

aparente, pois a interpretação, se feita por eles, é infidelidade, porque ela leva à infidelidade. E aquele que, sendo pessoa apta a interpretar, propagar a interpretação [entre as pessoas comuns] na verdade as está chamando para a infidelidade, e quem atrai para a infidelidade é um infiel.

45. Eis por que as interpretações devem constar apenas dos livros de demonstração, pois se estiverem nesses livros só terão acesso a elas as pessoas aptas à demonstração. Mas, se estiverem contidas em outros livros que não esses, e se forem utilizados para apresentá-las, os métodos poéticos, retóricos, ou dialéticos, como faz Abū Ḥāmīd, isto é pecar contra a Lei religiosa e contra a filosofia, ainda que o propósito desse homem estivesse voltado para o bem. Pois, agindo assim, sua intenção era a de aumentar o número dos homens de ciência, porém, com isso, aumentou o número dos que se corromperam, tanto quanto o dos homens de ciência. Daí algumas pessoas terem chegado a denegrir a filosofia; outras a denegrir a Lei religiosa; outras [ainda], a tentar conciliar ambas. E parece que esse foi um dos propósitos em seus livros: a prova de que ele pretendia, desse modo, alertar os espíritos para isso é que ele não seguiu, em seus livros, uma só atitude [de pensamento], mas, [ao contrário], com os ashʿarītas ele é ashʿarīta; com os sufis, um sufi; e com os filósofos, um filósofo; tanto que a ele se pode atribuir o dito: "Um dia, yemenita, se encontro alguém do Iêmen; e, se encontro alguém da tribo de Adnān, então, 'adnānīta."[70]

٤٦. وَالَّذِي يَجِبُ عَلَى أَئِمَّةِ الْمُسْلِمِينَ، أَنْ يَنْهَوْا عَنْ كُتُبِهِ الَّتِي تَتَضَمَّنُ الْعِلْمَ، إِلا مَنْ كَانَ مِنْ أَهْلِ الْعِلْمِ، كَمَا يَجِبُ عَلَيْهِمْ أَنْ يَنْهَوْا عَنْ كُتُبِ الْبُرْهَانِ مَنْ لَيْسَ أَهْلاً لَهَا، وَإِنْ كَانَ الضَّرَرُ الدَّاخِلُ عَلَى النَّاسِ مِنْ كُتُبِ الْبُرْهَانِ أَخَفَّ، لِأَنَّهُ لا يَقِفُ عَلَى كُتُبِ الْبُرْهَانِ فِي الأَكْثَرِ إِلا أَهْلُ الفِطَرِ الْفَائِقَةِ، وَإِنَّمَا يُؤْتَى هَذَا الصِّنْفُ مِنْ عَدَمِ الْفَضِيلَةِ الْعَمَلِيَّةِ، وَالْقِرَاءَةِ عَلَى غَيْرِ تَرْتِيبٍ، وَأَخْذِهَا مِنْ غَيْرِ مُعَلِّمٍ.

٤٧. وَلَكِنَّ مَنْعَهَا بِالْجُمْلَةِ صَادٌّ لِمَا دَعَا إِلَيْهِ الشَّرْعُ، لِأَنَّهُ ظُلْمٌ لِأَفْضَلِ أَصْنَافِ النَّاسِ، وَلِأَفْضَلِ أَصْنَافِ الْمَوْجُودَاتِ، إِذْ كَانَ الْعَدْلُ فِي أَفْضَلِ أَصْنَافِ الْمَوْجُودَاتِ أَنْ يَعْرِفَهَا عَلَى كُنْهِهَا مَنْ كَانَ مُعَدّاً لِمَعْرِفَتِهَا عَلَى كُنْهِهَا، وَهُمْ أَفْضَلُ أَصْنَافِ النَّاسِ. فَإِنَّهُ عَلَى قَدْرِ عُظْمِ الْمَوْجُودِ يَعْظُمُ الْجَوْرُ فِي حَقِّهِ الَّذِي هُوَ الْجَهْلُ بِهِ. وَلِذَلِكَ قَالَ - تَعَالَى : «إِنَّ الشِّرْكَ لَظُلْمٌ عَظِيمٌ».

46. O que devem fazer os líderes dos muçulmanos é proibir os livros deles que contêm a ciência a quem não esteja apto à ciência[71]; bem como devem proibir os livros de demonstração a quem não esteja apto à demonstração, se bem que os danos causados às pessoas pelos livros da demonstração sejam menos graves, pois que, na maioria das vezes, só se detêm nos livros de demonstração as pessoas de disposições naturais superiores, e essa espécie de homens não erra, a não ser por falta de virtude prática[72] ou por não ter procedido à leitura na ordem certa, ou por não ter a ajuda de um mestre.

47. Entretanto, a proibição total deles [dos livros de demonstração] significa barrar o acesso àquilo a que a Lei religiosa chama a praticar; porque é uma injustiça que se faz à classe mais perfeita dos homens e à classe mais perfeita dos entes; pois é justo que esta (a Lei) seja conhecida tal qual é por aqueles que estão dispostos a conhecê-la tal qual é: os homens da classe mais perfeita. E a injustiça que se comete diante de um ser, ignorando-o, é tanto mais considerável quanto mais este ser for eminente. Por isso, disse Deus, O Altíssimo: "A associação [de divindades a Deus] é uma injustiça imensa."[73]

٤٨. فَهَذا ما رَأَيْنا أَنْ نُثْبِتَهُ في هَذا الْجِنْسِ مِنَ النَّظَرِ، أَعْني التَّكَلُّمَ <فيما> بَيْنَ الشَّريعَةِ وَالْحِكْمَةِ، وَأَحْكامَ التَّأْويلِ في الشَّريعَةِ. وَلَوْلا شُهْرَةُ ذَلِكَ عِنْدَ النَّاسِ، وَشُهْرَةُ هَذِهِ الْمَسائِلِ الَّتي ذَكَرْناها، لَما اسْتَجَزْنا أَنْ نَكْتُبَ في ذَلِكَ حَرْفاً، وَلا أَنْ نَعْتَذِرَ في ذَلِكَ لِأَهْلِ التَّأْويلِ بِعُذْرٍ، لِأَنَّ شَأْنَ هَذِهِ الْمَسائِلِ أَنْ تُذْكَرَ في كُتُبِ الْبُرْهانِ. وَاللهُ الْهادي الْمُوَفِّقُ لِلصَّوابِ.

٤٩. وَيَنْبَغي أَنْ نَعْلَمَ أَنَّ مَقْصودَ الشَّرْعِ إِنَّما هُوَ تَعْليمُ الْعِلْمِ الْحَقِّ وَالْعَمَلِ الْحَقِّ. وَالْعِلْمُ الْحَقُّ هُوَ مَعْرِفَةُ اللهِ -تَبارَكَ وَتَعالى- وَسائِرِ الْمَوْجوداتِ عَلى ما هِيَ عَلَيْهِ، وَبِخاصَّةٍ الشَّريفَةِ مِنْها، وَمَعْرِفَةُ السَّعادَةِ الْأُخْرَوِيَّةِ وَالشَّقاءِ الْأُخْرَوِيِّ. وَالْعَمَلُ الْحَقُّ هُوَ امْتِثالُ الْأَفْعالِ الَّتي تُفيدُ السَّعادَةَ، وَتَجَنُّبُ الْأَفْعالِ الَّتي تُفيدُ الشَّقاءَ. وَالْمَعْرِفَةُ بِهَذِهِ الْأَفْعالِ هِيَ الَّتي تُسَمَّى الْعِلْمَ الْعَمَلِيَّ.

48. Isto é o que nos parece oportuno registrar referindo-se a esse gênero de investigação, quer dizer, o discurso [sobre a relação] entre a Lei religiosa e a filosofia e os estatutos [que regem] a interpretação da Lei. Se este assunto não fosse conhecido pelo público, assim como as questões que abordamos[74], não teríamos tomado a licença para escrever sobre isso uma só letra e para [colocar-nos em situação de ter de] pedir desculpas às pessoas aptas à interpretação, pois o âmbito em que essas questões devem ser lembradas é o dos livros de demonstração. Deus – o Guia – é Aquele que indica o caminho certo.

49. É preciso que saibamos que o propósito da Lei é exatamente: ensinar a ciência verdadeira e a prática verdadeira. A ciência verdadeira é o conhecimento de Deus – Bendito e Exaltado seja – e do conjunto dos seres existentes tal qual são – em especial dos mais honrados entre eles – e o conhecimento da bem-aventurança e dos tormentos da outra vida. E a prática verdadeira consiste no cumprimento de atos que garantam a bem-aventurança e no evitar atos que levem aos tormentos. O conhecimento destes atos chama-se ciência prática.

٥٠. وهَذِهِ تَنْقَسِمُ قِسْمَيْنِ: أَحَدُهُما أَفْعالٌ ظاهِرَةٌ بَدَنِيَّةٌ، وَالْعِلْمُ بِهَذِهِ هُوَ الَّذي يُسَمَّى الْفِقْهَ؛ وَالْقِسْمُ الثَّاني أَفْعالٌ نَفْسانِيَّةٌ، مِثْلَ الشُّكْرِ وَالصَّبْرِ، وَغَيْرِ ذَلِكَ مِنَ الْأَخْلَاقِ الَّتي دَعا إِلَيْها الشَّرْعُ أَوْ نَهى عَنْها. وَالْعِلْمُ بِهَذِهِ هُوَ الَّذي يُسَمَّى الزُّهْدَ وَعُلومَ الآخِرَةِ. وَإِلى هَذا نَحا أَبو حامِدٍ في كِتابِهِ، وَلَمَّا كانَ النَّاسُ قَدْ أَضْرَبوا عَنْ هَذا الْجِنْسِ وَخاضوا في الْجِنْسِ الثَّاني، وكانَ هَذا الْجِنْسُ أَمْلَكَ بِالتَّقْوى، الَّتي هِيَ سَبَبُ السَّعادَةِ، سَمَّى كِتابَهُ **إحياء علوم الدين**. وَقَدْ خَرَجْنا عَمَّا كُنَّا بِسَبيلِهِ، فَنَرْجِعُ.

٥١. فَنَقولُ: لَمَّا كانَ مَقْصودُ الشَّرْعِ تَعْليمَ الْعِلْمِ الْحَقِّ وَالْعَمَلِ الْحَقِّ، وكانَ التَّعْليمُ صِنْفَيْنِ: تَصَوُّراً وَتَصْديقاً، كَما بَيَّنَ ذَلِكَ أَهْلُ الْعِلْمِ بِالْكَلامِ؛ وكانَتْ طُرُقُ التَّصْديقِ الْمَوْجودَةُ لِلنَّاسِ ثَلاثاً: الْبُرْهانِيَّةُ وَالْجَدَلِيَّةُ وَالْخَطابِيَّةُ، وَطُرُقُ التَّصَوُّرِ اثْنَيْنِ: إِمَّا الشَّيْءُ نَفْسُهُ وَإِمَّا مِثالُهُ؛ وكانَ النَّاسُ كُلُّهُمْ لَيْسَ في طِباعِهِمْ أَنْ يَقْبَلوا الْبَراهينَ –وَلا الأَقاويلَ الْجَدَلِيَّةَ، فَضْلاً عَنِ الْبُرْهانِيَّةِ–، مَعَ ما في تَعَلُّمِ الأَقاويلِ الْبُرْهانِيَّةِ مِنَ الْعُسْرِ وَالْحاجَةِ في ذَلِكَ إِلى طولِ الزَّمانِ لِمَنْ هُوَ أَهْلٌ لِتَعَلُّمِها؛ وكانَ الشَّرْعُ إِنَّما مَقْصودُهُ تَعْليمُ الْجَميعِ، وَجَبَ أَنْ يَكونَ الشَّرْعُ يَشْتَمِلُ عَلى جَميعِ أَنْحاءِ طُرُقِ التَّصْديقِ وَأَنْحاءِ طُرُقِ التَّصَوُّرِ.

50. Esses [atos] dividem-se em duas categorias: a primeira remete aos atos externos e corporais, cujo conhecimento se chama jurisprudência; a segunda refere-se a atos internos (psíquicos), tais como a gratidão e a paciência e outros atos morais obrigatórios, ou proscritos pela Lei religiosa, cuja ciência se chama "ascetismo" ou "ciência da outra vida". A esta última se dedicou Abū Ḥāmīd em seu livro; e como as pessoas estavam afastadas desse tipo de ciência e voltaram-se completamente ao outro tipo [o precedente], e como este [último] tipo é mais importante para a piedade, que é causa da bem-aventurança, deu a seu livro o nome de *A revivificação das ciências da religião*. Mas, com tudo isso, afastamo-nos de nosso propósito; voltemos a ele, pois.

51. Dizemos, então: tendo em conta que o propósito da Lei religiosa é o ensino da ciência verdadeira e da prática verdadeira e que tal ensino é de duas espécies: [a produção] da representação e [a produção] do assentimento como foi ressaltada pelos lógicos; e que os métodos [de produção] do assentimento para os homens são três: o demonstrativo, o dialético e o retórico; e que os métodos de produção da representação são dois: representação da coisa em si, ou de seu similar; tendo em conta que nem todos os homens, por sua natureza, dispõem-se a aceitar demonstrações – e mesmo argumentos dialéticos, e menos ainda argumentos demonstrativos! –, além da dificuldade de aprendizagem dos argumentos demonstrativos e do longo tempo que se requer da parte daqueles que são aptos para tanto; e que o propósito da Lei é o de ensinar todos os homens, era preciso necessariamente que a Lei abrangesse todos os tipos de método de produção do assentimento e todos os tipos de método de produção da representação.

٥٢. وَلَمَّا كَانَتْ طُرُقُ التَّصْدِيقِ مِنْها ما هِيَ عامَّةٌ لِأَكْثَرِ النَّاسِ، أَعْنِي وُقُوعَ التَّصْدِيقِ مِنْ قِبَلِها، وَهِيَ الْخَطابِيَّةُ وَالْجَدَلِيَّةُ، وَالْخَطابِيَّةُ أَعَمُّ مِنَ الْجَدَلِيَّةِ؛ وَمِنْها ما هِيَ خاصَّةٌ لِأَقَلِّ النَّاسِ، وَهِيَ الْبُرْهانِيَّةُ؛ وَكانَ الشَّرْعُ مَقْصُودُهُ الأَوَّلُ الْعِنايَةَ بِالأَكْثَرِ، –مِنْ غَيْرِ إِغْفالِ تَنْبِيهِ الْخَواصِّ–، كانَتْ أَكْثَرُ الطُّرُقِ الْمُصَرَّحِ بِها فِي الشَّرِيعَةِ هِيَ الطُّرُقُ الْمُشْتَرَكَةُ لِلأَكْثَرِ فِي وُقُوعِ التَّصَوُّرِ وَالتَّصْدِيقِ.

٥٣. هَذِهِ الطُّرُقُ هِيَ فِي الشَّرِيعَةِ عَلَى أَرْبَعَةِ أَصْنافٍ:

أَحَدُها أَنْ تَكُونَ، مَعَ أَنَّها مُشْتَرَكَةً، خاصَّةً فِي الأَمْرَيْنِ جَمِيعاً، أَعْنِي أَنْ تَكُونَ فِي التَّصَوُّرِ وَالتَّصْدِيقِ يَقِينِيَّةً، مَعَ أَنَّها خَطابِيَّةٌ أَوْ جَدَلِيَّةٌ. وَهَذِهِ الْمَقايِيسُ هِيَ الْمَقايِيسُ الَّتِي عَرَضَ لِمُقَدِّماتِها، مَعَ كَوْنِها مَشْهُورَةً أَوْ مَظْنُونَةً، أَنْ تَكُونَ يَقِينِيَّةً، وَعَرَضَ لِنَتائِجِها أَنْ أُخِذَتْ أَنْفُسُها دُونَ مِثالاتِها. وَهَذا الصِّنْفُ مِنَ الْأَقاوِيلِ الشَّرْعِيَّةِ لَيْسَ لَهُ تَأْوِيلٌ، وَالْجاحِدُ لَهُ، أَوِ الْمُتَأَوِّلُ، كافِرٌ.

وَالصِّنْفُ الثَّانِي أَنْ تَكُونَ الْمُقَدِّماتُ، مَعَ كَوْنِها مَشْهُورَةً أَوْ مَظْنُونَةً، يَقِينِيَّةً، وَتَكُونَ النَّتائِجُ مِثالاتٍ لِلأُمُورِ الَّتِي قُصِدَ إِنْتاجُها. وَهَذا يَتَطَرَّقُ إِلَيْهِ التَّأْوِيلُ، أَعْنِي لِنَتائِجِهِ.

وَالثَّالِثُ عَكْسُ هَذا، وَهُوَ أَنْ تَكُونَ النَّتائِجُ هِيَ الأُمُورُ الَّتِي قُصِدَ إِنْتاجُها نَفْسُها، وَتَكُونَ الْمُقَدِّماتُ مَشْهُورَةً أَوْ مَظْنُونَةً مِنْ غَيْرِ أَنْ

52. E considerando que entre os métodos de produção do assentimento há os que são comuns à maioria dos homens, na medida em que o assentimento destes se produz por estes métodos: o da retórica e o da dialética – sendo o retórico mais comum que o dialético; e que há um outro que é particular a uma minoria de pessoas: o método demonstrativo; e tendo em conta que o propósito primeiro da Lei é a preocupação com a maioria, sem, entretanto, deixar de enviar sinais à elite[75], os argumentos explicitamente propostos na Lei remetem, em grande parte, aos métodos de produção da representação e do assentimento comuns à maioria.

53. Esses métodos são, na Lei, de quatro tipos: o primeiro deles, ainda que sendo comum à maioria, concerne tanto a uma como a outra operação (quero dizer, que têm valor de certeza para a representação, bem como para o assentimento), ainda que sejam retóricos ou dialéticos. Estes silogismos são silogismos cujas premissas, sendo comumente admitidas ou opinativas, são acidentalmente certas[76] e cujas conclusões, acidentalmente, significam por si e não simbolicamente. E esse tipo de argumentos utilizados pela Lei não é passível de interpretação, e aquele que não os reconhece ou os interpreta é um infiel.

O segundo tipo é aquele em que suas premissas, ainda que comumente admitidas ou opinativas, são certas, mas cujas conclusões significam simbolicamente as coisas que objetivam ser concluídas. Os argumentos desse tipo são interpretáveis, isto é, no que se refere a suas conclusões.

O terceiro é o contrário [do segundo] e é aquele em que as conclusões significam as próprias coisas que se quer concluir e as premissas são comumente admitidas ou opinativas, sem ser acidentalmente certas.

يَعرضَ لَها أَنْ تَكونَ يَقينِيَّةً. وَهَذا أَيْضاً لا يَتَطَرَّقُ إِلَيْهِ تَأْويلٌ، أَعْني لِنَتائِجِهِ، وَقَدْ يَتَطَرَّقُ لِمُقَدِّماتِهِ.

وَالرّابِعُ أَنْ تَكونَ مُقَدِّماتُهُ مَشْهورَةً أَوْ مَظْنونَةً مِنْ غَيْرِ أَنْ يَعْرِضَ لَها أَنْ تَكونَ يَقينِيَّةً، وَتَكونَ نَتائِجُهُ مِثالاتٍ لِما قُصِدَ إِنْتاجُهُ. وَهَذِهِ، فَرْضُ الْخَواصِّ فيها التَّأْويلُ، وَفَرْضُ الْجُمْهورِ إِمْرارُها عَلى ظاهِرِها.

٥٤. وَقَدْ يَعْرِضُ لِلنُّظّارِ فِي الشَّريعَةِ تَأْويلاتٌ مِنْ قِبَلِ تَفاضُلِ الطُّرُقِ الْمُشْتَرَكَةِ بَعْضِها عَلى بَعْضٍ فِي التَّصْديقِ، أَعْني إِذا كانَ دَليلُ التَّأْويلِ أَتَمَّ إِقْناعاً مِنْ دَليلِ الظّاهِرِ. وَأَمْثالُ هَذِهِ التَّأْويلاتِ هِيَ جُمْهورِيَّةٌ، وَيُمْكِنُ أَنْ تَكونَ فَرْضَ مَنْ بَلَغَتْ قُواهُمُ النَّظَرِيَّةُ إِلى الْقُوَّةِ الْجَدَلِيَّةِ. وَفي هَذا الْجِنْسِ يَدْخُلُ بَعْضُ تَأْويلاتِ الأَشْعَرِيَّةِ وَالْمُعْتَزِلَةِ، وَإِنْ كانَتِ الْمُعْتَزِلَةُ فِي الأَكْثَرِ أَوْثَقَ أَقْوالاً. وَأَمَّا الْجُمْهورُ الَّذينَ لا يَقْدِرونَ عَلى أَكْثَرَ مِنَ الأَقاويلِ الْخِطابِيَّةِ، فَفَرْضُهُمْ إِمْرارُها عَلى ظاهِرِها، وَلا يَجوزُ أَنْ يَعْلَموا ذَلِكَ التَّأْويلَ أَصْلاً.

Os argumentos desse tipo não são passíveis de interpretação, quero dizer, no que se refere às conclusões, mas, no que toca a suas premissas, sim.

O quarto tipo é aquele em que as premissas são comumente admitidas ou opinativas, mas não são acidentalmente certas e em que as conclusões significam simbolicamente o que quer ser concluído. Para a elite, entretanto, é um dever interpretar esse tipo de argumento, e o dever do povo é prender-se ao sentido óbvio.

Em suma, tudo o que, entre esses argumentos, é passível de interpretação é aquilo que não pode ser captado [verdadeiramente] a não ser pela demonstração. O dever da elite, em relação a tais argumentos, é proceder a essa interpretação; o dever do povo é atribuir seu sentido óbvio quanto a dois aspectos: a representação e o assentimento, pois a natureza dessa gente não os dispõe a mais que isso.

54. É possível também que aqueles que praticam o exame racional da Lei religiosa[77] realizem interpretações, por causa da superioridade de certos métodos comuns sobre outros para a [produção] do assentimento, quer dizer, quando, devido ao caráter probatório da interpretação, resulta uma persuasão maior que o sentido óbvio do enunciado. Tais interpretações são populares; é possível que constituam dever para aqueles cujas faculdades de exame racional elevem-se à faculdade dialética. Fazem parte desse gênero algumas interpretações dos ashʻaritas e dos muʻtazilītas[78], ainda que os muʻtazilītas sejam, na maioria das vezes, mais confiáveis em suas afirmações. Mas a [parte do] povo que não pode captar mais do que argumentos retóricos tem o dever de ater-se a esses enunciados em seu sentido óbvio, não lhe sendo possível conhecer, de modo algum, aquelas interpretações.

٥٥. فَإِذًا، النَّاسُ في الشَّرِيعَةِ عَلَى ثَلَاثَةِ أَصْنَافٍ:

صِنْفٌ لَيْسَ هُوَ مِنْ أَهْلِ التَّأْوِيلِ أَصْلاً، وَهُمُ الْخَطَابِيُّونَ الَّذِينَ هُمُ الْجُمْهُورُ الْغَالِبُ. وَذَلِكَ أَنَّهُ لَيْسَ يُوجَدُ أَحَدٌ سَلِيمُ الْعَقْلِ يُعْرَى مِنْ هَذَا النَّوْعِ مِنَ التَّصْدِيقِ.

وَصِنْفٌ هُوَ مِنْ أَهْلِ التَّأْوِيلِ الْجَدَلِيِّ، وَهَؤُلَاءِ هُمُ الْجَدَلِيُّونَ بِالطَّبْعِ فَقَطْ، أَوْ بِالطَّبْعِ وَالْعَادَةِ.

وَصِنْفٌ هُوَ مِنْ أَهْلِ التَّأْوِيلِ الْيَقِينِيِّ، وَهَؤُلَاءِ هُمُ الْبُرْهَانِيُّونَ بِالطَّبْعِ وَالصِّنَاعَةِ، أَعْنِي صِنَاعَةَ الْحِكْمَةِ. وَهَذَا التَّأْوِيلُ لَيْسَ يَنْبَغِي أَنْ يُصَرَّحَ بِهِ لِأَهْلِ الْجَدَلِ، فَضْلاً عَنِ الْجُمْهُورِ.

٥٦. وَمَتَى صُرِّحَ بِشَيْءٍ مِنْ هَذِهِ التَّأْوِيلَاتِ لِمَنْ هُوَ مِنْ غَيْرِ أَهْلِهَا، وَبِخَاصَّةِ التَّأْوِيلَاتِ الْبُرْهَانِيَّةِ، لِيُبْعِدَهَا عَنِ الْمَعَارِفِ الْمُشْتَرَكَةِ، أَفْضَى ذَلِكَ بِالمُصَرَّحِ لَهُ وَالْمُصَرِّحِ إِلَى الْكُفْرِ. وَالسَّبَبُ فِي ذَلِكَ أَنَّ مَقْصُودَهُ إِبْطَالُ الظَّاهِرِ وَإِثْبَاتُ الْمُؤَوَّلِ، فَإِذَا بَطَلَ الظَّاهِرُ عِنْدَ مَنْ هُوَ مِنْ أَهْلِ الظَّاهِرِ وَلَمْ يَثْبُتِ الْمُؤَوَّلُ عِنْدَهُ، أَدَّاهُ ذَلِكَ إِلَى الْكُفْرِ إِنْ كَانَ فِي أُصُولِ الشَّرِيعَةِ. فَالتَّأْوِيلَاتُ لَيْسَ يَنْبَغِي أَنْ يُصَرَّحَ بِهَا لِلْجُمْهُورِ وَلَا أَنْ تُثْبَتَ فِي الْكُتُبِ الْخَطَابِيَّةِ أَوِ الْجَدَلِيَّةِ –أَعْنِي الْكُتُبَ الَّتِي الْأَقَاوِيلُ الْمَوْضُوعَةُ فِيهَا مِنْ هَذَيْنِ الصِّنْفَيْنِ– كَمَا صَنَعَ ذَلِكَ أَبُو حَامِدٍ.

55. Em relação à Lei religiosa, pois, os homens dividem-se em três grupos:

Aqueles absolutamente incapazes de conhecer a interpretação e que assentem pela retórica, os quais se constituem na grande maioria do povo, isto porque não há ninguém, que seja são de espírito, privado da faculdade de assentir, pelo menos, por esse meio.

Aqueles aptos à interpretação dialética e que por ela assentem, seja somente pela natureza ou pela natureza e pelo hábito.

Aqueles que são aptos a conhecer a interpretação certa e que são homens que assentem por demonstração, por causa de sua natureza e da ciência que praticam, quero dizer, a ciência da filosofia.

E esta [última] interpretação não é preciso expô-la àqueles que assentem pela dialética, menos ainda ao povo.

56. Quando se expõe alguma dessas interpretações a alguém que não está na condição de apreendê-las, especialmente as interpretações demonstrativas, por causa da distância que as separa dos conhecimentos comuns, induz-se tanto aquele a quem é exposto como aquele que as expõe à infidelidade. A razão disso é que [a interpretação] supõe a invalidação do sentido literal e o estabelecimento do sentido depreendido da interpretação; se o sentido literal é invalidado para quem é passível de assentir pelo óbvio sem que se imponha, para ele, o sentido que se depreende da interpretação, isto o levará à infidelidade se se tratar de um dos princípios fundamentais da Lei. As interpretações não devem ser expostas ao povo nem permanecer nos livros retóricos ou dialéticos – quero dizer, livros em que os argumentos contidos sejam dessas duas espécies –, conforme o que fez Abū Ḥāmīd.

٥٧. وَلِهَذا يَجِبُ أَنْ يُصَرَّحَ وَيُقَالَ في الظَّاهِرِ الَّذي الإِشْكَالُ في كَوْنِهِ ظاهِراً بِنَفْسِهِ لِلْجَميعِ، وكَوْنِ مَعْرِفَةِ تَأْويلِهِ غَيْرَ مُمْكِنٍ فيهِمْ، إِنَّهُ مُتَشابِهٌ لا يَعْلَمُهُ إِلا اللَّهُ، وَإِنَّ الوَقْفَ يَجِبُ هَهُنا في قَوْلِهِ -تَعالى: «وَمَا يَعْلَمُ تَأْويلَهُ إِلا اللَّهُ». وَبِمِثْلِ هَذا يَأْتي الْجَوابُ أَيْضاً في السُّؤالِ عَنِ الأُمُورِ الْغامِضَةِ الَّتي لا سَبيلَ لِلْجُمْهُورِ إِلى فَهْمِها، مِثْلَ قَوْلِهِ -تَعالى: «وَيَسْأَلُونَكَ عَنِ الرُّوحِ قُلِ الرُّوحُ مِنْ أَمْرِ رَبِّي وَمَا أُوتيتُمْ مِنَ الْعِلْمِ إِلا قَليلاً».

٥٨. وَأَمَّا الْمُصَرِّحُ بِهَذِهِ التَّأْويلاتِ لِغَيْرِ أَهْلِها، فَكافِرٌ، لِمَكانِ دُعائِهِ النَّاسَ إِلى الْكُفْرِ، وَهُوَ ضِدُّ دَعْوى الشَّارِعِ، وَبِخاصَّةٍ مَتى كانَتْ تَأْويلاتٍ فاسِدَةً في أُصُولِ الشَّريعَةِ، كَما عَرَضَ ذَلِكَ لِقَوْمٍ مِنْ أَهْلِ زَمانِنا. فَإِنَّا قَدْ شَهِدْنا مِنْهُمْ أَقْواماً ظَنُّوا أَنَّهُمْ تَفَلْسَفُوا وَأَنَّهُمْ قَدْ أَدْرَكُوا بِحِكْمَتِهِمِ الْعَجيبَةِ أَشْياءَ مُخالِفَةً لِلشَّرْعِ مِنْ جَميعِ الْوُجُوهِ، أَعْني لا تَقْبَلُ تَأْويلاً، وَأَنَّ الْواجِبَ هُوَ التَّصْريحُ بِهَذِهِ الأَشْياءِ لِلْجُمْهُورِ، فَصاروا بِتَصْريحِهِمْ لِلْجُمْهُورِ بِتِلْكَ الاعْتِقاداتِ الْفاسِدَةِ سَبَباً لِهَلاكِ الْجُمْهُورِ وَهَلاكِهِمْ في الدُّنْيا وَالآخِرَةِ.

57. Eis por que é preciso explicar e dizer sobre os enunciados de sentido literal que o fato de que devem ser tomados no sentido literal é suscetível de criar problema para qualquer um, embora nem todos possam ou devam conhecer a interpretação, ainda que se trate de um desses enunciados equívocos de que somente Deus conhece o sentido, e convém, nesses casos, colocar a pausa após o dito d'O Altíssimo: "ninguém conhece a interpretação deles, a não ser Deus"[79].

A mesma resposta deve ser dada a uma questão que fosse colocada a propósito de um desses problemas obscuros à compreensão do povo, a exemplo do que declara o enunciado divino: "Eles te perguntam pela alma. Dize: a alma procede da ordem de meu Senhor. E não vos foi concedido da ciência senão pouco."[80]

58. Quanto àquele que expõe essas interpretações àqueles que não são aptos a conhecê-las, é um infiel, já que induz as pessoas à infidelidade, o que é o contrário daquilo a que convoca o Legislador, em particular quando se trata de interpretações viciadas em relação aos princípios fundamentais da Lei religiosa, como aconteceu a muitos de nossos contemporâneos. Vimos que alguns, pensando ter apreendido a filosofia e tê-la compreendido graças à sua admirável sabedoria em pontos que contradizem a Lei religiosa sob todos os ângulos, isto é, pontos não passíveis de interpretação, sentiram-se na obrigação de expô-las ao povo. Ao expor essas crenças deturpadas ao povo, eles causaram a perdição do povo e de si mesmos, tanto neste mundo como no outro.

٥٩. ومِثالُ مَقصَدِ هؤُلاءِ مَعَ مَقْصَدِ الشَّارِعِ مِثالُ مَنْ قَصَدَ إلى طَبيبٍ ماهِرٍ قَصَدَ إلى حِفْظِ صِحَّةِ جَميعِ النَّاسِ وإزالَةِ الأمْراضِ عَنْهُمْ بِأنْ وَضَعَ لَهُمْ أقاويلَ مُشْتَرَكَةَ التَّصْديقِ في وُجوبِ استِعْمالِ الأشْياءِ الَّتي تَحْفَظُ صِحَّتَهُمْ وتُزيلُ أمْراضَهُمْ، وتَجَنُّبِ أضْدادِها، إذْ لَمْ يُمكِنْهُ فيهِمْ أنْ يُصَيِّرَ جَميعَهُمْ أطِبَّاءَ، لأنَّ الَّذي يَعْلَمُ الأشْياءَ الحافِظَةَ للصِّحَّةِ والمُزيلَةَ للمَرَضِ بالطُّرُقِ البُرْهانِيَّةِ، هُوَ الطَّبيبُ. فَتَصَدَّى هذا إلى النَّاسِ وقالَ لَهُمْ: «إنَّ هَذِهِ الطُّرُقَ الَّتي وَضَعَها لَكُمْ هَذا الطَّبيبُ لَيْسَتْ بِحَقٍّ»، وشَرَعَ في إبْطالِها، حَتَّى بَطَلَتْ عِنْدَهُمْ؛ أوْ قـالَ: «إنَّ لَها تَأويلاتٍ»، فَلَمْ يَفْهَموها، ولا وَقَعَ لَهُمْ مِنْ قِبَلِها تَصْديقٌ في العَمَلِ.

٦٠. أفْتَرى النَّاسَ الَّذينَ حالُهُمْ هَذِهِ يَفْعَلونَ شَيْئاً مِنَ الأشْياءِ النَّافِعَةِ في حِفْظِ الصِّحَّةِ وإزالَةِ المَرَضِ؟ أوْ يَقْدِرُ هَذا المُصَرِّحُ لَهُمْ، بِإبْطالِ ما كانوا يَعْتَقِدونَ فيها، أنْ يَسْتَعْمِلَها مَعَهُمْ، أعْني حِفْظَ الصِّحَّةِ؟ لا! بَلْ ما يَقْدِرُ هُوَ لا عَلى اسْتِعْمالِها مَعَهُمْ، ولا هُمْ يَسْتَعْمِلونَها، فَيَشْمَلُهُمُ الهَلاكُ. هَذا إنْ صُرِّحَ لَهُمْ بِتَأويلاتٍ صَحيحَةٍ في تِلْكَ الأشْياءِ، لِكَوْنِهِمْ لا يَفْهَمونَ ذَلِكَ التَّأويلَ، فَضْلاً أنْ صُرِّحَ لَهُمْ بِتَأويلاتٍ فاسِدَةٍ، لأنَّهُ يَؤولُ بِهِمُ الأمْرُ إلى أنْ لا يَرَوْا أنَّ هَهُنا صِحَّةً يَجِبُ أنْ تُحْفَظَ ولا مَرَضاً يَجِبُ أنْ يُزالَ، فَضْلاً عَنْ أنْ يَرَوْا أنَّ هَهُنا أشْياءَ تَحْفَظُ الصِّحَّةَ وتُزيلُ المَرَضَ.

59. O propósito dessas pessoas diante do propósito do Legislador é semelhante ao de uma pessoa que viesse ver um médico hábil que tivesse como propósito preservar a saúde de todas as pessoas e livrá-las das doenças, prodigalizando-lhes preceitos passíveis de receber um assentimento geral sobre a obrigação de usar coisas que preservem sua saúde e as livrem das doenças, e suscetíveis de evitar os contrários [destas coisas]: na verdade, não lhes é possível fazer com que todos se tornem médicos; pois aquele que conhece as coisas que preservam a saúde e aquelas que livram das doenças pelo método demonstrativo é apenas o médico. Aquela pessoa iria então encontrar as demais e lhes diria: "Os métodos que este médico apresentou-lhes não são verdadeiros"; depois, ela tentaria mostrar-lhes a invalidade disso, até que elas os considerassem realmente inválidos; ou lhes diria: "Eles podem ser interpretados", mas as pessoas não compreenderiam essas interpretações, e estas não teriam por efeito produzir seu assentimento na prática.

60. Crede vós que as pessoas que estivessem nessa situação dariam qualquer coisa de útil para a conservação de sua saúde ou para livrar-se das doenças? Ou que aquele que lhes tivesse exposto a invalidade do que elas acreditavam a esse respeito estaria ainda em condição de fazê-las pôr em prática esses atos que preservam a saúde? Claro que não! Ele não teria condições de fazer com que as pessoas os pusessem em prática, do mesmo modo que as pessoas não os praticariam, o que levaria todos à perdição. E isso se as interpretações que lhes tivessem sido expostas a respeito dessas coisas fossem verdadeiras, porque elas não teriam compreendido a interpretação. Mas, com mais razão, se as interpretações que lhes tivessem sido expostas fossem erradas: porque então chegariam mesmo a descrer numa saúde que é preciso preservar, e numa doença de que devem se livrar, e longe estariam de crer que há coisas que preservam a saúde e afastam da doença.

٦١. وَهَذِهِ هِيَ حالُ مَنْ يُصَرِّحُ بالتَّأويلِ للْجُمْهورِ، ولِمَنْ لَيْسَ هُوَ بِأَهْلٍ لَهُ، مَعَ الشَّرْعِ. ولِذَلِكَ هُوَ مُفْسِدٌ لَهُ وَصادٌ عَنْهُ. وَالصادُّ عَنِ الشَّرْعِ كافِرٌ. وإنّما كانَ هَذا التَّمْثيلُ يَقينِيّاً، ولَيْسَ بِشِعْرِيٍّ، كَما لِقائِلٍ أَنْ يَقولَ، لأَنَّهُ صَحيحُ التَّناسُبِ. وَذَلِكَ أنَّ نِسْبَةَ الطَّبيبِ إلى صِحَّةِ الأبْدانِ نِسْبَةُ الشّارِعِ إلى صِحَّةِ الأنْفُسِ: أَعْني أنَّ الطَّبيبَ هُوَ الَّذي يَطْلُبُ أنْ يَحْفَظَ صِحَّةَ الأبْدانِ إذا وُجِدَتْ، وَيَسْتَرِدَّها إذا عَدِمَتْ؛ وَالشّارِعُ هُوَ الَّذي يَبْتَغي هَذا في صِحَّةِ الأنْفُسِ.

٦٢. وَهَذِهِ الصِّحَّةُ هِيَ المُسَمّاةُ تَقْوى. وَقَدْ صَرَّحَ الكِتابُ العَزيزُ بِطَلَبِها بِالأفْعالِ الشَّرْعِيَّةِ في غَيْرِ ما آيَةٍ، فَقالَ -تَعالى-: «كُتِبَ عَلَيْكُمُ الصِّيامُ كَما كُتِبَ عَلَى الَّذينَ مِنْ قَبْلِكُمْ لَعَلَّكُمْ تَتَّقونَ»؛ وقالَ -تَعالى-: «لَنْ يَنالَ اللَّهَ لُحومُها وَلا دِماؤُها وَلَكِنْ يَنالُهُ التَّقْوى مِنْكُمْ»؛ وقالَ -تَعالى-: «إنَّ الصَّلاةَ تَنْهى عَنِ الفَحْشاءِ وَالمُنْكَرِ»، إلى غَيْرِ ذَلِكَ مِنَ الآياتِ الَّتي تَضَمَّنَها الكِتابُ العَزيزُ مِنْ هَذا المَعْنى. فَالشَّارِعُ إنَّما يَطْلُبُ بالعِلْمِ الشَّرْعِيِّ وَالعَمَلِ الشَّرْعِيِّ هَذِهِ الصِّحَّةَ. وَهَذِهِ الصِّحَّةُ هِيَ الَّتي تَتَرَتَّبُ عَلَيْها السَّعادَةُ الأخْرَوِيَّةُ، وَعَلَى ضِدِّها الشَّقاءُ الأخْرَوِيُّ.

61. Essa é a situação, diante da Lei, de todo aquele que expõe a interpretação [dos enunciados revelados] ao povo e àqueles que não são aptos a conhecê-la. É por causa disso que ele corrompe a Lei e dela desvia os homens. E aquele que desvia os homens da Lei é um infiel. Este exemplo tem valor de certeza e não é de caráter poético, como se poderia objetar. A correspondência é, com efeito, exata, pois a relação do médico com a saúde dos corpos é idêntica à relação do Legislador com a saúde das almas: o médico é aquele que busca a preservação dos corpos se há saúde, ou sua recuperação, se ela não existe mais; e o Legislador é aquele que aspira a isso mesmo para a saúde das almas.

62. Essa saúde é a chamada piedade reverencial[81]. É a ela que o Livro precioso se refere, em mais de um versículo, enfatizando que é preciso tentar adquiri-la praticando atos propostos pela Lei religiosa. Disse O Altíssimo: "Foi-vos prescrito o jejum como foi prescrito àqueles que vos precederam para serdes piedosos"[82]; disse ainda O Altíssimo: "Nem a carne nem o sangue deles alcançarão a Deus, mas O alcança vossa piedade"[83]; disse ainda O Altíssimo: "Por certo a oração coíbe a obscenidade e o reprovável"[84]; ou outros versículos contidos no Livro precioso, com o mesmo significado. O que busca o Legislador por meio da ciência da Lei e da prática da Lei é esta saúde. É nela que assenta a bem-aventurança, assim como de seu contrário é que se originam os tormentos da outra vida.

٦٣. فَقَدْ تَبَيَّنَ لَكَ مِنْ هَذا أَنَّهُ لَيْسَ يَجِبُ أَنْ تُثْبَتَ التَّأْويلاتُ الصَّحيحَةُ في الْكُتُبِ الْجُمْهوريَّةِ، فَضْلاً عَنِ الْفاسِدَةِ. وَالتَّأْويلُ الصَّحيحُ هِيَ الأمانَةُ الَّتي حُمِّلَها الإنْسانُ، فَأَبى أَنْ يَحْمِلَها وَأَشْفَقَ مِنْها جَميعُ الْمَوْجوداتِ، أَعْني الْمَذْكورَةَ في قَوْلِهِ –تَعالى– : «إنَّا عَرَضْنا الأَمانَةَ عَلَى السَّمَواتِ وَالأرْضِ وَالْجِبالِ»، الآيَةُ.

٦٤. وَمِنْ قِبَلِ التَّأْويلاتِ وَالظَّنِّ بِأَنَّها مِمَّا يَجِبُ أَنْ يُصَرَّحَ بِها في الشَّرْعِ لِلْجَميعِ، نَشَأَتْ فِرَقُ الإسْلامِ، حَتَّى كَفَّرَ بَعْضُهُمْ بَعْضاً وَبَدَّعَ بَعْضُهُمْ بَعْضاً، وَبِخاصَّةِ الْفاسِدَةُ مِنْها. فَأَوَّلَتِ الْمُعْتَزِلَةُ آياتٍ كَثيرَةً وَأَحاديثَ كَثيرَةً، وَصَرَّحوا بِتَأْويلِهِمْ لِلْجُمْهورِ، وَكَذَلِكَ فَعَلَتِ الأَشْعَرِيَّةُ، وَإِنْ كانوا أَقَلَّ تَأْويلاً. فَأَوْقَعوا النّاسَ مِنْ قِبَلِ ذَلِكَ في شَنَآنٍ وَتَباغُضٍ وَحُروبٍ، وَمَزَّقوا الشَّرْعَ وَفَرَّقوا النّاسَ كُلَّ التَّفْريقِ.

63. Do exposto, pois, ficou claro que as interpretações verdadeiras [dos versículos] não devem permanecer por escrito nos livros populares, menos ainda aquelas que são deturpadas. A interpretação verdadeira é a *responsabilidade*[85] confiada ao homem e da qual o homem se encarregou, enquanto todos os [outros] entes se assustaram, aqueles mencionados no enunciado d'O Altíssimo:

"Sim, propusemos a responsabilidade aos céus, à terra e às montanhas" etc., até o fim do versículo.

64. É por efeito das interpretações e da opinião de que estas deveriam – do ponto de vista da Lei religiosa – ser expostas a todos que apareceram as seitas[86] do Islão, que chegaram a acusar-se mutuamente de infidelidade ou de inovação condenável, especialmente as mais perversas entre elas.

Desse modo, os muʿtazilītas interpretam muitos versículos e tradições proféticas e expuseram essas interpretações ao povo, e da mesma forma procederam os ashʿarītas, ainda que tenham interpretado menos. Por causa disso, precipitaram as pessoas ao ódio, às guerras recíprocas, dilacerando a Lei e estabelecendo divisões entre os homens.

٦٥. وَزَائِداً إِلى هَذا كُلِّهِ أَنَّ طُرُقَهُمُ الَّتي سَلَكوها في إِثْباتِ تَأْويلاتِهِمْ، لَيْسوا فيها لا مَعَ الْجُمْهورِ ولا مَعَ الْخَواصِّ: أَمّا مَعَ الْجُمْهورِ، فَلِكَوْنِها أَغْمَضَ مِنَ الطُّرُقِ الْمُشْتَرَكَةِ لِلْأَكْثَرِ ؛ وَأَمّا مَعَ الْخَواصِّ، فَلِكَوْنِها، إذا تُؤُمِّلَتْ، وُجِدَتْ ناقِصَةً عَنْ شَرائِطِ الْبُرْهانِ. وَذَلِكَ، يَقِفُ عَلَيْهِ بِأَدْنى تَأَمُّلٍ مَنْ عَرَفَ شَرائِطَ الْبُرْهانِ. بَلْ كَثيرٌ مِنَ الأصولِ الَّتي بَنَتْ عَلَيْها الأَشْعَرِيَّةُ مَعارِفَها هِيَ سوفِسْطائِيَّةٌ، فَإِنَّها تَجْحَدُ كَثيراً مِنَ الضَّروريّاتِ، مِثْلَ ثُبوتِ الأَعْراضِ، وَتَأْثيرِ الأَشْياءِ بَعْضِها في بَعْضٍ، وَوُجودِ الأَسْبابِ الضَّروريَّةِ لِلْمُسَبَّباتِ، وَالصُّوَرِ الْجَوْهَرِيَّةِ، وَالْوَسائِطِ.

٦٦. وَلَقَدْ بَلَغَ تَعَدّي نُظّارِهِمْ في هَذا الْمَعْنى عَلى الْمُسْلِمينَ أَنَّ فِرقَةً مِنَ الأَشْعَرِيَّةِ كَفَّرَتْ مَنْ لَيْسَ يَعْرِفُ وُجودَ الْباري – سُبْحانَهُ – بِالطُّرُقِ الَّتي وَضَعوها لِمَعْرِفَتِهِ في كُتُبِهِمْ، وَهُمُ الكافِرونَ وَالضّالّونَ بِالْحَقيقَةِ ! وَمِنْ هُنا اخْتَلَفوا، فَقالَ قَوْمٌ : أَوَّلُ الْواجِباتِ النَّظَرُ، وَقالَ قَوْمٌ : الإيمانُ. أَعْني مِنْ قِبَلِ أَنَّهُمْ لَمْ يَعْرِفوا أَيُّ الطُّرُقِ هِيَ الطُّرُقُ الْمُشْتَرَكَةُ لِلْجَميعِ، الَّتي دَعا الشَّرْعُ مِنْ أَبْوابِها جَميعَ النّاسِ، وَظَنّوا أَنَّ ذَلِكَ طَريقٌ واحِدٌ. فَأَخْطَأوا مَقْصَدَ الشّارِعِ، وَضَلّوا وَأَضَلّوا.

65. Ademais de tudo isso, os métodos que usaram para validar suas interpretações não se adequaram nem ao povo nem à elite: não convêm ao povo, por serem mais obscuros do que os métodos comuns à maioria; não convêm à elite, pois, se se analisam [esses métodos], percebe-se que carecem das condições de demonstração, como se dará conta todo aquele que conhece as condições de demonstração. Aliás, muitos princípios sobre os quais os ash'arītas basearam seus conhecimentos são sofísticos, pois negam muitas das verdades necessárias, como a permanência dos acidentes, a ação recíproca das coisas e a presença das causas necessárias para os efeitos, as formas substanciais e as causas segundas.

66. Seus pensadores especulativos tornaram-se opressores para os muçulmanos, no sentido de que uma fração dos ash'arītas considerou infiel quem não reconhecesse a existência do Criador – Louvado seja! – com os métodos que eles instituíram em seus livros para conhecê-lO, sendo que os infiéis, os desviados são, na verdade, eles! Daí que tenham divergido e que alguns tenham dito: a primeira das obrigações é a do exame racional; e que outros tenham dito: é a crença. Quero dizer, que eles ignoravam o que eram os métodos comuns à totalidade dos homens, métodos pelos quais a Lei convida cada homem a transpor suas portas[87]; e que eles acreditavam que se tratava de uma via única. Desse modo, enganaram-se quanto ao propósito do Legislador, desviaram-se e desviaram [os outros].

٦٧. فإن قيلَ : فإذا لَمْ تكُنْ هذِهِ الطُّرُقُ التّي سلَكَتْها الأشْعَرِيَّةُ ولا غَيْرُهُمْ مِنْ أهلِ النّظر هِيَ الطُّرُقُ المُشْتَرَكَةُ التّي قصَدَ الشّارعُ تَعْلِيمَ الْجُمْهور بها، وهِيَ التّي لا يُمْكِنُ تَعْلِيمُهُمْ بغَيْرِها، فأيُّ الطُّرقِ هِيَ هذِهِ الطُّرُقُ في شَرِيعَتِنا هذِهِ؟ قُلْنا : هِيَ الطُّرُقُ التّي ثَبَتَتْ في الْكِتابِ الْعَزيزِ فَقَطْ، فإنَّ الْكِتابَ الْعَزيزَ، إذا تُؤُمِّلَ، وُجِدَتْ فيهِ الطُّرُقُ الثَّلاثُ المَوْجـودَةُ لِجَمِيعِ النّـاسِ، و< هَذِهِ هِيَ > الطُّرُقُ المُشْتَرَكَةُ لِتَعْلِيم أكْثَرِ النّاسِ، والخاصَّةُ. وإذا تُؤُمِّلَ الأمْرُ، ظَهَرَ أنَّهُ ليْسَ يُلْفى طُرُقٌ مُشْتَرَكَةٌ لِتَعْلِيم الْجُمْهور أفْضَلُ مِنَ الطُّرُقِ المَذْكورَةِ فيهِ.

٦٨. فَمَنْ حَرَّفَها بِتَأْوِيلٍ لا يَكونُ ظاهِراً بِنَفْسِهِ، أوْ أظْهَرَ مِنْها لِلْجَميعِ –وذلِكَ شَيْءٌ غَيْرُ مَوْجودٍ –، فَقَدْ أبْطَلَ فِعْلَها المَقْصـودَ في إفادَةِ السَّعادَةِ الإنْسانِيَّةِ. وذلِكَ ظاهِرٌ جِدّاً مِنْ حالِ الصَّدْرِ الأوَّلِ وحالِ مَنْ أتى بَعْدَهُمْ. فَإنَّ الصَّدْرَ الأوَّلَ إنَّما صـارَ إلى الْفَضيلَةِ الْكامِلَةِ والتَّقْوى بِاسْتِعْمالِ هذِهِ الأقاويلِ دونَ تَـأْوِيلاتٍ فيهـا، ومَنْ كـانَ مِنْهُمْ وقَفَ عَلى تَأْوِيلٍ، لم يَرَ أنْ يُصَرِّحَ بِهِ. وأمّا مَنْ أتى بَعْدَهُمْ فإنَّهُمْ، لَمّا اسْتَعْمَلوا التَّأْوِيلَ، قَلَّ تَقْواهُمْ وكَثُرَ اخْتِلافُهُمْ، ورُفِعَتْ مَحَبَّتُهُمْ، وتَفَرَّقوا فِرَقاً.

67. Então, se se objeta: se não são os métodos usados pelos ash'arītas nem por outros especulativos que são os métodos comuns pelos quais o Legislador propôs ensinar o povo, sem os quais não seria possível conduzir tal ensinamento, então, quais são os caminhos, do ponto de vista desta Lei nossa?
Respondemos: apenas os caminhos que constam do Livro precioso, pois o Livro precioso, se for contemplado, compreende os três caminhos existentes para todos os homens, e *estes são*: os métodos comuns para o ensino da maioria e os [métodos] particulares para a elite. E, se se pensa atentamente nessa questão, ressalta que não se podem encontrar métodos comuns para o ensino do povo melhores do que aqueles enunciados [no Livro].

68. E quem os altera por meio de interpretação, de *per si* não evidente, ou portadora de maior evidência entre o povo – sendo, porém, esta possibilidade inconcebível[88] –, na verdade, anulará o valor do propósito (desses enunciados) na eficácia [da obtenção] da bem-aventurança. Isso aparece de uma maneira clara na posição [dos homens] dos primeiros tempos [do Islão] e na daqueles que os sucederam. Os homens dos primeiros tempos alcançavam uma virtude perfeita e uma piedade reverencial na utilização desses argumentos, sem interpretá-los; quanto aos que, entre eles, se detinham numa interpretação, acreditavam que não deviam expô-la. Quanto àqueles que os sucederam, assim que se utilizaram da interpretação sua piedade diminuiu e suas divergências aumentaram; seu amor esvaneceu-se e dividiram-se em seitas.

٦٩. فَيَجِبُ عَلى مَنْ أرادَ أنْ يَرْفَعَ هَذِهِ الْبِدْعَةَ عَنِ الشَّريعَةِ أنْ يَعْمِدَ إلى الْكِتابِ الْعَزيز، فَيَلْتَقِطَ مِنْهُ الاسْتِدْلالاتِ الْمَوْجودَةَ في شَيْءٍ شَيْءٍ مِمّا كَلَّفَنا اعْتِقادَهُ، وَيَجْتَهِدَ في نَظَرِهِ ظاهِراً ما أمْكَنَهُ، مِنْ غَيْرِ أنْ يَتَأوَّلَ مِنْ ذَلِكَ شَيْئاً إلا إذا كانَ التَّأْويلُ ظاهِراً بِنَفْسِهِ، أعْني ظُهوراً مُشْتَرَكاً لِلْجَميعِ. فَإنَّ الأقاويلَ الْمَوْضوعَةَ في الشَّرْعِ لِتَعْليمِ الناسِ، إذا تُؤُمِّلَتْ، يُشْبِهُ أنْ يَبْلُغَ مِنْ نُصْرَتِها إلى حَدٍّ لا يُخْرِجُ عَنْ ظاهِرِها ما هُوَ مِنْها لَيْسَ عَلى ظاهِرِهِ إلا مَنْ كانَ مِنْ أهْلِ الْبُرْهانِ. وَهَذِهِ الْخاصَّةُ لَيْسَتْ توجَدُ لِغَيْرِها مِنَ الأقاويلِ.

٧٠. فَإنَّ الأقاويلَ الشَّرْعِيَّةَ الْمُصَرَّحَ بِها فـي الْكِتـابِ الْعَزيـزِ لِلْجَميعِ، لَها ثَلاثُ خَواصَّ دَلَّتْ عَلى الإعْجازِ : إحْداها أنَّهُ لا يوجَدُ أتَمُّ إقْناعاً وَتَصْديقاً لِلْجَميعِ مِنْها ؛ وَالثّانِيَةُ أنَّها تَقْبَلُ النُّصْرَةَ بِطَبْعِها إلى أنْ تَنْتَهي إلى حَدٍّ لا يَقِفُ عَلى التَّأْويلِ فيها – إنْ كانَتْ مِمّا فيها تَأْويلٌ – إلا أهْلُ الْبُرْهانِ ؛ وَالثّالِثَةُ أنَّها تَتَضَمَّنُ التَّنْبيهَ لأهْلِ الْحَقِّ عَلى التَّأْويلِ الْحَقِّ. وَهَذا لَيْسَ يوجَدُ لا في مَذاهِبِ الأشْعَرِيَّةِ وَلا فـي مَذاهِـبِ الْمُعْتَزِلَةِ، أعْني أنَّ تَأْويلَهُمْ لا يَقْبَلُ النُّصْرَةَ، وَلا يَتَضَمَّنُ التَّنْبيهَ عَلى الْحَقِّ، وَلا هُوَ حَقٌّ. وَلِذَلِكَ كَثُرَتِ الْبِدَعُ.

69. É necessário a todo aquele que quiser acabar com essa inovação condenável da Lei que recorra ao Livro precioso e dele extraia as indicações que provam cada uma das coisas de que fomos incumbidos [pela Lei] de acreditar; e que dirija seu esforço para o sentido literal [desses argumentos], tanto quanto possível, sem nada interpretar, a menos que seja claro [pelo próprio enunciado], isto é, quando for claro aos olhos de todos. Pois os argumentos expostos na Lei para ensinar os homens, se forem examinados com atenção, mostram-se tão convincentes que quase se poderia dizer que é impossível subtrair ao sentido literal aqueles cujo sentido [verdadeiro] não é o sentido literal, exceto para o homem afeito à demonstração. E esta é uma propriedade que não se encontra em outros argumentos.

70. Os argumentos legais expostos no Livro precioso para todos possuem três propriedades que indicam a insuperabilidade[89] [do Livro]: a primeira delas é de que não há argumentos mais adequados a fim de obter o convencimento e o assentimento de todos; a segunda é que, por sua própria natureza, eles se sustentam em tão alto grau que, por si sós, permitem descobrir sua interpretação – se se trata de enunciados interpretáveis – aos homens hábeis em demonstração; a terceira é que comportam em relação aos homens [aptos ao conhecimento] da verdade indícios do que seja a verdadeira interpretação. E isso não se encontra nem nas doutrinas dos ash'arītas nem na dos mu'tazilītas, quero dizer, suas interpretações não produzem a convicção, não contêm indício algum que assinale a verdade, assim como não são elas mesmas a verdade. Eis por que as inovações condenáveis aumentaram.

٧١. وبودُّنا لَوْ تَفَرَّغْنا لِهَذا المَقْصَدِ وقَدَرْنا عَلَيْهِ. وَإِنْ أَنْسَأَ اللَّهُ في الْعُمُرِ، فَسَنُثْبِتُ فيهِ قَدْرَ ما تَيَسَّرَ لَنا مِنْـهُ، فَعَسى أَنْ يكونَ ذَلِكَ مَبْدَأً لِمَنْ يَأْتي بَعْدُ. فَإِنَّ النَّفْسَ مِمَّا تَخَلَّلَ هَذِهِ الشَّريعَةَ مِنَ الأَهْواءِ الْفاسِدَةِ وَالاعْتِقاداتِ الْمُحَرَّفَةِ في غايَةِ الْحُزْنِ وَالتَّأَلُّمِ، وَبِخاصَّةٍ ما عَرَضَ لَها مِنْ ذَلِكَ مِنْ قِبَلِ مَنْ يَنْسُبُ نَفْسَهُ إلى الْحِكْمَةِ، فَإِنَّ الأَذايَةَ مِنَ الصَّديق هِيَ أَشَدُّ مِنَ الأَذايَةِ مِنَ الْعَدُوِّ، أَعْني أَنَّ الْحِكْمَةَ هِيَ صاحِيَةُ الشَّريعَةِ وَالأُخْتُ الرَّضيعَةُ، فَالأَذايَةُ مِمَّنْ يُنْسَبُ إِلَيْها هِيَ أَشَدُّ الأَذايَةِ، مَعَ ما يَقَعُ بَيْنَهُمـا مِنَ الْعَداوَةِ وَالْبَغْضاءِ وَالْمُشاجَرَةِ، وَهُما الْمُصْطَحِبَتـانِ بـالطَّبْعِ، الْمُتَحابَّتـانِ بـالْجَوْهَرِ وَالْغَريزَةِ. وَقَدْ آذاها أَيْضاً كَثيرٌ مِنَ الأَصْدِقاءِ الجُهّالِ مِمَّنْ يَنْسِبونَ أَنْفُسَهُمْ إِلَيْها، وَهِيَ الْفِرَقُ الْمَوْجودَةُ فيها. وَاللَّهُ يَسَدِّدُ الْكُلَّ، وَيُوَفِّقُ الْجَميعَ لِمَحَبَّتِهِ، وَيَجْمَعُ قُلوبَهُمْ على تَقْواهُ، وَيَرْفَعُ عَنْهُمُ الْبُغْضَ وَالشَّنَآنَ، بِفَضْلِهِ وَبِرَحْمَتِهِ.

٧٢. وَقَدْ رَفَعَ اللَّهُ كَثيراً مِنْ هَذِهِ الشُّرورِ وَالْجَهالاتِ وَالْمَسالِكِ المُضِلَّاتِ بِهَذا الأَمْرِ الْغالِبِ، وَطَرَّقَ بِهِ إلى كَثيرٍ مِنَ الْخَيْراتِ، وَبِخاصَّةٍ عَلى الصِّنْفِ الَّذينَ سَلَكوا مَسْلَكَ النَّظَرِ وَرَغِبوا في مَعْرِفَةِ الْحَقِّ. وَذَلِكَ أَنَّهُ دَعا الجُمْهورَ مِنْ مَعْرِفَةِ اللَّهِ -سُبْحانَهُ- إلى طَريقٍ وَسَطٍ ارْتَفَعَ عَنْ حَضيضِ الْمُقَلِّدينَ وَانْحَطَّ عَنْ تَشْغيبِ الْمُتَكَلِّمينَ، وَنَبَّهَ الْخَواصَّ عَلى وُجوبِ النَّظَرِ التَّامِّ في أَصْلِ الشَّريعَةِ. وَاللَّهُ الْمُوَفِّقُ وَالْهادي بِفَضْلِهِ.

71. Desejaríamos dispor do ócio para nos consagrarmos a esse propósito e sermos capazes de levá-lo a bom termo. Se Deus nos conceder vida, escreveremos sobre o assunto o que estiver a nosso alcance; talvez seja este um marco inicial para aqueles que virão depois de nós. Pois nossa alma, por causa das tendências viciadas e crenças alteradas que se insinuaram nesta Lei religiosa, está no auge da tristeza e da aflição; especialmente quando as coisas provêm de homens que se consideram filósofos, pois o mal que procede de um amigo é mais forte do que o que procede de um inimigo. Quero dizer que a filosofia (v. nota 19) é companheira da Lei e sua irmã de leite e que, então, o mal feito por aqueles que se julgam voltados à filosofia é o mais contundente dos males, além da inimizade, do ódio e das disputas que ele cria entre elas, embora sejam companheiras por natureza, amigas por essência e por disposição inata. E muitos ignorantes que se julgavam amigos da Lei fizeram-lhe mal também, sendo elas as pessoas das seitas que existem em seu seio. Mas Deus indica a cada um o bom caminho e acompanha cada um em direção a Seu amor, estabelece a concórdia no coração de todos os homens para que O reverenciem e os liberta da aversão e do ódio, por Sua graça e Sua misericórdia.

72. Deus eliminou muitas dessas desgraças, ignorâncias e dessas tendências perniciosas, graças a esse poder vencedor. E, por si, abriu o caminho a muitas boas ações especialmente para a classe daqueles que se empenharam no caminho do exame racional e no conhecimento da verdade. Isso porque ele convocou o povo ao conhecimento de Deus – Louvado seja Ele – por um caminho mediano que se encontra além do baixo nível de conformismo imitativo e aquém da erística dos teólogos dialéticos; e alertou a elite para a necessidade do empenho radical no exame racional do Princípio da Lei. E Deus nos conceda Seu concurso e nos oriente por Sua graça.

NOTAS

1. "Lei religiosa", do árabe *Shari'a*, que muitas vezes aparece com o sentido de "Religião" propriamente, o que não surpreende, uma vez que a religião tem no Islão estatuto legal, como amplo código de conduta individual e coletiva.

2. É nítida a intenção do autor – ao aludir a "recomendação" e "obrigação" – de dar ao texto a credibilidade de um parecer jurídico, resultante do empenho em legitimar a filosofia perante a Lei religiosa.

3. Para Averróis, o conhecimento de Deus como artesão é condicionado pelo conhecimento dos seres existentes, enquanto análogos a artefatos "criados", ideia que se justifica a partir de versículos do Alcorão tais que LXXXVI, 6, e LXXXVIII, 17, em que está proposto o reconhecimento da necessidade da existência de Deus, a partir da existência das "criaturas".

Segundo o autor, o filósofo tende a conhecer Deus de modo mais amplo e adequado que o homem comum, pois este tende a conhecer os seres existentes como conhece os artefatos: sabe que são produzidos por um artesão. Já o filósofo considera que os seres existentes são semelhantes a artefatos, mas deles conhece a produção e a sabedoria a ela inerente, ideia explicitada em sua obra *Al-Kashf 'an Manhaj al'adilla*.

4. Alcorão, LIX, 2.
5. Alcorão, VII, 185.
6. Alcorão, VI, 75.
7. Alcorão, LXXXVIII, 17-8.
8. Alcorão, III, 191.

9. Demonstração / prova, do árabe *burhān*. Entre os tipos de silogismo, de "prova", Averróis recorre ao silogismo demonstrativo e ao retórico.

10. Dos cinco tipos de silogismo que circulavam entre os pensadores islâmicos: demonstrativo (apodíctico), sofístico, poético, retórico e dialético, a teoria de Averróis exclui os argumentos sofísticos e poéticos para o discurso religioso.

11. Alcorão, LIX, 2 (cf. nota 4).

12. "Inovação condenável", do árabe *bidʿah*, termo técnico que designa um fato novo, isto é, sem base na Lei; fato de ordem jurídica, doutrinal ou cultual. Na verdade, trata-se de uma modificação dos preceitos ortodoxos da Lei religiosa.

13. "Primeiros Tempos" [do Islão], do árabe *as-sādr al-awwal*, "primeira era", relativos aos muçulmanos de primeira hora, seguidores do Profeta, que teriam constituído a sociedade perfeita e fonte oral de maior credibilidade das tradições (*hadīth* (sing.) / *ahadīth* (pl.) – compilações da fala e do comportamento do Profeta).

14. Averróis critica aqui os hanbalitas em geral (v. nota 30), utilizando um termo pejorativo, *hashwiya*, segundo ele, adversários de toda forma de raciocínio lógico e que acreditavam que o que levava ao conhecimento de Deus seria a tradição e não a razão. Contrapõe a esta posição a palavra revelada do Legislador que traçou ao conjunto dos homens o caminho que conduz a Seu conhecimento, por meio de provas racionais que se encontram "univocamente formuladas", como, por exemplo, em Alcorão, XIV, 10, citado em *Al- Kashfʿan Manhaj alʾadilla*.

15. Em nome dos estudos filosóficos que o autor se propõe a fazer, é fundamental considerar os resultados de toda a investigação feita pelos predecessores.

Como nota Martinez Lorca, "segundo o método genético de Averróis, a cultura humana e a filosofia, em particular, são uma conquista lenta e progressiva, obtida não por um único homem, mas pela humanidade em seu conjunto; não se pode progredir no campo crítico sem um prévio conhecimento dos aportes precedentes*.

* Martínez Lorca (org.) in *Ensayos sobre la Filosofía en Al-andalus*, Barcelona, Anthropos, 1990, p. 64, citado por M. Campanini em *Il Trattato Decisivo*, Milano, BUR, 1994, p. 133.

16. Ao que tudo indica, trata-se sobretudo dos filósofos gregos.

17. Integrava o conjunto das ciências matemáticas a astronomia, do mesmo modo que a aritmética, a geometria e até a música.

18. Ao contrário do Oriente, campo de diferentes escolas jurídicas (onde era frequente a discussão das questões controversas, cujos resultados eram levados em consideração pelos estudiosos da ciência da Lei), no Ocidente muçulmano havia apenas uma escola, a *malikīta*, e a prática jurídica consistia no estudo das aplicações dos casos de espécie, estando ausente o estudo dos fundamentos do Direito.

19. O uso do termo *ḥikma* (ligado a sabedoria) é mais genérico em relação a *falsafah* (filosofia). Ao longo do *Discurso*, aparece mais o termo *ḥikma* que *falsafah*. Tal fato pode encontrar justificativa no objetivo do texto: defender o estudo da ciência e da investigação filosófica, diante da interpretação ortodoxa do Islão, tendo em vista que *ḥikma* está contido no Alcorão.

20. "Inteligência inata", do árabe *fiṭrah*, remete à disposição inata (existente na natureza humana) que condiciona a habilidade para a prática da filosofia.

21. "Honorabilidade legal", do árabe *'adālah ash-sharī'a*, designa, em Direito muçulmano, a qualidade de uma pessoa que observa as prescrições da Lei, sem referência à qualidade de sua crença. A *'adāla* é a probidade requerida pela Lei (em virtude do Alcorão, LXV, 2) para aceder a diversas funções públicas e ter o direito de testemunhar em um processo.

22. Alusão a Alcorão, XVI, 69, a propósito das abelhas e do mel: "[...] de suas entranhas sai um licor matizado, em que os homens encontram uma cura; há, na verdade, aí, um sinal para um povo que compreende".

23. O árabe *taṣdīq* remete à capacidade de julgar a partir da verdade, e daí, a aderir, produzindo assentimento.

24. "Ao branco e ao negro", literalmente em árabe: "ao vermelho e ao negro" (*ila al-aḥmar wa-l-assuwad*) para significar todos os seres humanos.

25. Alcorão, XVI, 125.

26. Averróis admite que a Lei religiosa é dirigida a todos os homens, embora considere a dificuldade de compreensão do homem comum, mostrando, mais uma vez, a acuidade do filósofo.

27. O conceito de certeza inclui a aceitação de que a existência do objeto não pode ser diferente da ideia que dele fazemos: o pensamento corresponde de modo objetivo à realidade.

28. Os ash'arītas constituem, para os sunitas, a mais importante escola teológica do Islão e têm como líder Abu Al Hassan al Ash'arī (874-935). Opostos à escola *mu'tazilīta*, os princípios ash'arītas são:

a) a realidade dos atributos divinos que são separados da essência de Deus;

b) a negação da capacidade agente do homem, visto que o único "agente" é Deus;

c) a consciência de que o Alcorão é "verbo" eterno de Deus, Sua palavra incriada e imutável;

d) para o homem, nem o pecado significa condenação absoluta, nem a boa ação, salvação absoluta: condenação ou salvação são um soberano arbítrio de Deus, que tem o mais alto grau de justiça;

e) a descendência califal está correta, segundo a ordem de sucessão dos primeiros quatro califas "bem guiados", isto é, Abū Bakr, Omar, Othmān e Ali*.

* Cf. comentário de Massimo Campanini, in *op. cit.*, p. 137.

29. Há clara alusão a Alcorão, XX, 5; II, 29, e XLI, 11.

30. Os hanbalitas são seguidores de Aḥmad Ibn Hanbal (?-855), um dos mais célebres jurisconsultos e rigoroso exegeta da tradição alcorânica.

31. Alcorão, III, 7.

32. O consenso (referindo-se ao dos doutores da Lei), do árabe *ijma'*, é considerado uma das fontes do Direito, ao lado do Alcorão e *Al-Sunnah*, tendo, do mesmo modo, força de lei.

33. *Abū Ḥāmid Muḥāmmad Ibn Muḥāmmad Al Ghazālī* (1058--1111), que aparece no *Discurso*, muitas vezes, como Abu Hamid, é considerado um dos maiores teólogos muçulmanos. É histórica a polêmica que se estabeleceu entre Al-Ghāzalī, a partir de sua obra *Tahāfut al Falsafah, A incoerência dos filósofos*, e da resposta de Averróis: *Tahāfut al Tahāfut, A incoerência da incoerência*. Entretanto, aqui, o filósofo Averróis busca seu apoio a partir das considerações que se depreendem da obra de Al-Ghazālī sobre o consenso, segundo as quais é possível a alguém posicionar-se contra o consenso se este não se estabeleceu convenientemente para ele. Neste caso, não se deve situá-lo como infiel.

34. Abu Al Ma'ali Al-Juwayni (morto em 1085) foi um teólogo *ash'arīta*, mestre de Al-Ghazālī. Al-Juwayni posicionou-se contra a ideia de que aquele que rompe o *ijma'* deve ser considerado infiel, afirmando que, entre aqueles que rompem o consenso, há os que o fazem após reconhecer-lhe legitimidade, e há os que não lhe reconhecem legitimidade, devendo ser considerados infiéis apenas os que são contraditórios em seu julgamento (os primeiros).

35. Averróis não considera infidelidade o ato de romper o consenso e aborda com naturalidade as condições que, muitas vezes, tornam impossível o *ijma'* (v. § 25 da tradução).

36. De acordo com a exegese da Tradição, a transmissão, por diversos caminhos, assegura veracidade, tornando legítima uma afirmação, ao passo que a transmissão de um dado, feita por um único caminho, tem sensivelmente um caráter discutível.

37. Os termos "oculto" (*bāṭin*) e "aparente" (*zāhir*) dizem respeito às duas características do sentido da Lei religiosa. Certamente, o aparente corresponde ao sentido óbvio, acessível ao povo pelo discurso retórico, enquanto o oculto refere-se ao sentido mais profundo e, portanto, acessível a partir do raciocínio lógico aos homens de sabedoria.

38. 'Ali Ben Abi Taleb era primo e genro de Muhammad. Foi o quarto dos sucessores do Profeta (os califas "bem guiados", segundo os sunitas) e considerado o primeiro *Imam* infalível, segundo os xiitas.

39. Abdallah Muḥāmmad Al-Bukhāri (?-870) é, talvez, o mais ilustre exegeta das Tradições, tendo reunido *ahadith* no livro "*As-Sahīh*", *O autêntico*, de legitimidade inquestionável.

40. Segundo M. Geoffroy*, a referência, a propósito de Ali, acha-se em Al-Bukhāri, em sequência ao *hadīth* nº 118, sob o título: "Daqueles que reservam a ciência a certas pessoas, com a exclusão de outras, temendo que estas não compreendam."

* In *Le Livre du Discours Décisif*, Paris, Flammarion, 1996, p. 195.

41. Abū Naṣr Al-Fārābī (morto em 950) é reconhecido como um dos maiores pensadores islâmicos que se tornou famoso, sobretudo com duas obras: *Conciliação entre as opiniões de Aristóteles e Platão* e *A cidade ideal*.

42. Avicena, Abu 'Ali El-Hossein, Ibn Sīnnā (980-1037), destacou-se não só no mundo árabe-muçulmano, mas também no mundo cris-

tão da Idade Média, como médico e como filósofo, tendo legado uma obra vastíssima, entre as mais importantes, o *Livro da cura* (*Kitāb-al--shifa'*), que revela a busca por um conhecimento intelectual, intuitivo e experimental.

43. Em *A incoerência dos filósofos* (*Tahāfut al falāsifa*), Al-Ghazālī contesta os filósofos de modo geral, tomando posição, particularmente, contra dois dos mais ilustres filósofos muçulmanos: Al-Fārābī e Avicena.

44. O livro, conhecido como da "Distinção", tem o título amplo de *O julgamento que distingue a crença da descrença / Fāysal at-tafriqa bayna al- Islam wa az- zandaqa* e trata de definir as condições imprescindíveis para se integrar a comunidade muçulmana. Como princípio básico, é infiel todo aquele que se opõe ao Profeta e à sua palavra. É fiel todo aquele que aceita a Lei em sua totalidade, julgando-a verdadeira em toda a sua dimensão.

45. Ao que tudo indica, Averróis invoca a autoridade de Al-Ghazālī a partir de uma interpretação mais favorável do seu discurso. Na verdade, a questão do consenso é abordada de modo diverso (v. nota 34).

46. Alcorão, III, 7.

47. Averróis retoma, aqui, a ideia de que o sentido óbvio do enunciado divino coincide sempre com o "oculto", provado pela demonstração.

48. "*al-jalal*" e "*as-sarīm*" constituem exemplo de incidência frequente na língua árabe: grupo de duas palavras de mesma forma e de significações totalmente opostas.

49. Trata-se de uma crítica ao método do raciocínio dos teólogos contemporâneos de Averróis, método que consistia na demonstração por argumentação da parte do presente sobre o ausente: *istidlal bish--shāhid 'ala-l-gha'ib*.

50. Alusão ao apêndice que trata da diferença existente entre a ciência divina e a ciência dos homens.

51. Cf. M. Geoffroy*, "Averróis apressa-se a demonstrar que a opinião dos teólogos se, por um lado, difere efetivamente da de Aristóteles sobre um ponto, por outro, é idêntica à de Platão".

* In *op. cit.*, p. 199.

52. Na verdade, para Averróis, o começo do mundo é também o começo do tempo; constatação que, crê, todos os teólogos deveriam admitir.

53 e 54. Cabe citar aqui, pela justeza, o comentário de M. Geoffroy*: "A criação do mundo, coincidindo com o início do tempo, prova que o tempo não precedeu a criação do mundo, ideia que Ibn Rushd queria imputar aos teólogos, que seriam, assim, de algum modo, platônicos sem o saber. Reduzindo, dessa forma, a oposição entre partidários da eternidade e da 'adventicidade' do mundo a um simples debate entre Aristóteles e Platão, Ibn Rushd prepara sua conclusão: não estando as duas teses absolutamente em oposição uma à outra, não há como os defensores de uma tacharem de infidelidade os defensores de outra. Os teólogos, seja lá o que digam, não podem sustentar que o mundo, em sua totalidade, é verdadeiramente adventício, no sentido de que o são as coisas particulares que o compõem."

* In *op. cit.*, p. 20.

55. Alcorão, XI, 7.
56. Cf. definição de tempo de Aristóteles.
57. Alcorão, XIV, 48.
58. Alcorão, XLI, 11.
59. A responsabilidade legal, *taklīf*, dentro da justiça divina, só pode incidir naquilo que o homem tem poder para agir.
60. De acordo com *hadīth* relatado por Al-Bukhari e Muslim*.

* Cf. Wensinck, *Concordance*, vol. I, p. 20, citado por M. Geoffroy, *op. cit.*, p. 201.

61. *Sunna* é uma das fontes do Islão e diz respeito aos atos e às falas do profeta Muhammad.
62. A Lei religiosa repousa sobre proposições dogmáticas, portanto indiscutíveis; proposições que garantem a felicidade humana no presente e no futuro.
63. Averróis retoma, aqui, o que, ao longo do *Discurso*, foi enfatizado: a Lei religiosa supõe três caminhos de argumentação, sendo que todo ser assente, necessariamente, por meio de um desses caminhos; portanto, todo ser humano é passível de ser um crente; o infiel o é por razões excepcionais.
64. Trata-se de um *hadīth** (relatado por Muslim e Al-Bukhari, dois dos seis exegetas mais confiáveis do Islão).

* Wensinck, *Concordance*, vol. I, p. 99, citado por M. Geoffroy, *op. cit.*, p. 202.

65. Para Averróis, sendo racional a essência do homem, sua felicidade, no além, só pode ser concebida a partir de um desprendimento da materialidade na vida terrena. A felicidade na outra vida será, então, para o filósofo, de ordem racional. Esta concepção pode suscitar controvérsia em relação à concepção muçulmana que afirma o caráter físico da vida após a morte: a ressurreição é, ao mesmo tempo, espiritual e corporal. Entretanto, como se verá mais adiante (sobretudo no parágrafo 44), Averróis considera sua posição uma interpretação da palavra alcorânica no que diz respeito à existência no além e não como negação de um fundamento dogmático.

66. Alusão, uma vez mais, à Revelação: Alcorão, XX, 5 (cf. nota 29).

67. Alusão ao *hadīth* referido por Muslim*: "Segundo o relato, o dono da escrava, que nela batera violentamente e conversara com o Profeta sobre o incidente, tomado de remorsos, propôs-se a libertá-la. O profeta quis então experimentar a escrava e lhe dirigiu, na presença de seu dono, a questão: Onde está Deus?"

* Cf. Wensinck, *Concordance*, vol. I, p. 117, citado por M. Geoffrey, *op. cit.*, p. 204.

68. Alcorão, III, 7 (cf. nota 31).

69. Cf. nota 24.

70. Dito atribuído a Imran Ibn Hiṭṭān*.

* Cf. Hourani, G. in *Averroes on The Harmony of Religion and Philosophy*, tradução para o inglês do Discurso decisivo, London Lusac, 1976, p. 107.

71. Alusão, ao que tudo indica, à obra de Al-Ghazālī, onde se podem encontrar considerações metafísicas (que deveriam se restringir, segundo Averróis, a uma elite competente) apresentadas de modo retórico ou dialético ao homem comum.

72. "Virtude prática", do árabe *faḍīlah 'amaliyah*: emana do respeito aos preceitos da doutrina islâmica.

73. Alcorão, XXXI, 13.

74. Trata-se, certamente, das questões relativas à existência do mundo, da vida além da morte e do conhecimento, por parte de Deus, dos particulares.

75. O autor refere-se à diversidade de percepção do sentido aparente (óbvio) de alguns enunciados, fato que impõe aos homens de ciência (elite) uma interpretação que os harmonize.

76. As premissas comumente admitidas, constituintes do silogismo dialético, podem ser proposições de natureza moral ou verdadeiras, às quais se tem acesso também pela demonstração.

77. Certamente, aqueles que praticam o exame racional de dados da Lei religiosa são os teólogos.

78. Os mu'tazilītas são considerados a mais racionalista das correntes teológicas muçulmanas clássicas.

79. Alcorão, III, 7.

80. Alcorão, XVII, 85.

81. "Piedade reverencial", do árabe *taqwā*, tem o sentido latino de *pietas*. É recorrente no Alcorão, como em II, 197, e V, 8, e tem o sentido de "temor de Deus".

82. Alcorão, II, 183.

83. Alcorão, XXII, 37 – a referência se faz aos animais sacrificados em ritual, na cidade de Meca.

84. Alcorão, XXIX, 45.

85. Alcorão, XXXIII, 72. "A responsabilidade", do árabe *amāna*, que em outros momentos, no próprio Alcorão, apresenta outros sentidos, tal como o de recíproca garantia (II, 283).

86. Do árabe *firāq* (pl.) (sing. *firqah*), que se refere às várias escolas muçulmanas, voltadas quer para a Teologia, quer para a Mística, cada qual reivindicando para si a única interpretação válida da doutrina do Islão.

87. Referência, mais uma vez, aos diversos caminhos (*ṭuruq*) que conduzem à Lei religiosa, sendo *abwāb* (portas) o ponto de convergência dos caminhos/métodos.

88. O ensino da Lei faz-se da maneira mais adequada à realização de seu propósito. Se se altera, pois, a forma contida no Livro, desviando-se da forma original, ela será necessariamente menos persuasiva que a existente no Alcorão.

89. O tema da insuperabilidade do Alcorão é recorrente na Teologia muçulmana. Atribui-se ao Texto o caráter miraculoso; daí, sua inimitabilidade.

Impresso por :

Graphium
gráfica e editora

Tel.:11 2769-9056